# 自觉的孩子，不用催

杨晓晓◎著

中国书籍出版社
China Book Press

**图书在版编目（CIP）数据**

自觉的孩子，不用催 / 杨晓晓著 . -- 北京 : 中国
书籍出版社 , 2023.12

ISBN 978-7-5068-9709-9

Ⅰ . ①自… Ⅱ . ①杨… Ⅲ . ①家庭教育 Ⅳ . ① G78

中国国家版本馆 CIP 数据核字（2023）第 234829 号

# 自觉的孩子，不用催

杨晓晓 著

| | |
|---|---|
| **责任编辑** | 张 娟 成晓春 |
| **责任印制** | 孙马飞 马 芝 |
| **封面设计** | 仙 境 |
| **出版发行** | 中国书籍出版社 |
| **地 址** | 北京市丰台区三路居路 97 号（邮编：100073） |
| **电 话** | （010）52257143（总编室） （010）52257140（发行部） |
| **电子邮箱** | eo@chinabp.com.cn |
| **经 销** | 全国新华书店 |
| **印 厂** | 北京亚吉飞数码科技有限公司 |
| **开 本** | 710 毫米 ×1000 毫米 1/32 |
| **字 数** | 155 千字 |
| **印 张** | 8.25 |
| **版 次** | 2024 年 3 月第 1 版 |
| **印 次** | 2024 年 3 月第 1 次印刷 |
| **书 号** | ISBN 978-7-5068-9709-9 |
| **定 价** | 56.00 元 |

# 序一

人类社会发展到现在，精确的计算反而给现代人造成了更多的焦虑，人被镶嵌在时间的齿轮里，用时间催赶着生活，却忘了要活在当下。凡做需要持久力的事情，都是需要事主静下心来的。只有心静下来了，人的精神状态才能沉下来，随之而来的才会是对事情本身的上心和专注。对待孩子的态度也是一样，家长有时候会缺乏耐心，力不从心；家庭和学校教育

中也会有催促孩子快一点、再快一点的声音，谁又能真正在教育过程中尽情享受"牵着蜗牛去散步"的美好？如何才能让成长变得从容，让孩子变得主动自觉？回归教育中人的专注、松弛的精神状态，这也是本书的思考初衷。

《自觉的孩子，不用催》这本书旨在帮助家长和教育者理解并培养孩子的自觉性。全书文风朴素，通过成长环境创设、正面引导、时间管理、建立规则、激发动力、减少催促和设立目标一系列策略阐述，帮助家长和儿童教育者找到儿童成长过程中自觉性培养的金钥匙。

衷心希望通过这本书，家长和教育者可以意识到催促和强迫并不是培养孩子自觉性的有效方法。相反，我们应该激发孩子的内在动力，让他们自主地学习和行动。也期望通过阅读这本书，家长和教育者可以更好地理解自觉性的含义和价值，并学会通过有效的方法来培养孩子的自觉性，为孩子们创造一个更健康、更快乐、更成功的未来。更希望通过这本书引发更多同仁和家长对儿童教育的深层思考，推进儿童教育的科学化、现代化。

彭海蕾（博士，教授），北京联合大学师范学院

2023 年 10 月 20 日于北京

## 序二

我很少为书作序，接到昔日学生要我为她的书作序的邀请时也踌躇不定，但当我看完书稿时，我便决定为此书作序，既为当前家长教育理念科学化的迫切性，亦期望此本我学生的拙作能引发广大家长和儿童教育工作者对儿童教育过程中良好习惯和学习品质培养的广泛关注。

在当今社会，家长们对于孩子的教育问题越来越关

注。孩子们在成长过程中，不仅需要学习各种知识和技能，更需要培养良好的自觉性和习惯。但是，很多家长却常常面临孩子拖延、不配合等问题，甚至有些孩子还需要时刻提醒和催促。这种情况不仅让家长们倍感焦虑，也会对孩子的成长产生负面影响。作者长期从事儿童教育工作，熟悉基层教育现状，为了从根本上解决上述问题，编写了《自觉的孩子，不用催》这本书。该书从儿童的成长环境入手，进而分析了儿童自觉性培养的意义与价值，并从时间管理、习惯培养、主动性激发、独立性培养以及目标管理等方面介绍了儿童自觉性培养的详细策略。本书旨在帮助家长们更好地培养孩子的自觉性，让孩子养成好习惯，主动学习，激发内在动力，建立积极的亲子关系。

我长期从事学前教育事业研究工作，深谙儿童自觉性培养的重要意义。孩子的自觉性是成长过程中的重要素质，通过培养孩子的自觉性，可以帮助孩子更好地适应学习和生活环境，提高自我管理和自我约束的能力。但我更懂得培养孩子的自觉性，需要家长们在日常生活中引导和督促。这本书的出版可以帮助家长有效地培养孩子的自觉性与良好的习惯。好习惯是孩子成长的关键，通过养成好习惯，孩子能够更好地适应当前及未来学习和生活环境，提高自我保护和自我发展的能力。《自觉的孩子，不用催》这本书中，从培养孩子的自觉性、养成好习惯、主动学习、激发内在动力和引导孩子主动学习、激发孩子的内在动力等方面为家长们提供了一系列实用的方法和技巧。

　　希望通过本书的帮助，父母和孩子可以共同努力，建立一个更和谐、更有效的家庭环境，让更多父母教子有方，让更多的孩子快乐成长！

　　此为序。

郑名（教授），西北师范大学

2023 年 10 月于兰州

# 前　言

做作业时磨磨蹭蹭，穿衣服时慢慢吞吞，吃饭时磨磨叽叽……孩子做事难以集中精力、效率低，常让父母感到烦恼。为了敦促孩子，父母总是连声催促孩子："别磨蹭了！""就不能快点儿吗？"

实践证明，催促和埋怨并不能让孩子真正地提高做事的效率，反而可能会引起孩子的逆反心理，使亲子关系产生裂痕。

其实，自觉性高的孩子根本不需要父母催着、逼着去学习，他们自己就是自己的监督者，有着极高的责任心和主观能动性。所以，父母要做的不是催促，而是培养孩子的自觉性与自律性。

本书致力于揭示孩子做事拖延、没耐心背后的种种"真相"，阐释提高孩子的自觉性、主动性的诸多方法，帮助父母切实提高养育水平。

首先，本书明确指出，轻松的成长环境是培养高度自觉的孩子的前提条件之一。父母不仅要控制好情绪，以平和的心态和孩子相处，还要懂得换位思考，充分理解孩子的感受，给予孩子足够的爱与尊重。

其次，本书从正面引导、时间管理训练、建立规则、激发学习动力、设定目标等多方面入手，逐一讲解培养孩子自觉意识、加强孩子的时间观念、提高孩子自主学习能力、培养孩子养成规律生活的好习惯等的实用策略和注意事项，帮助父母正确地爱护孩子、养育孩子，为孩子的健康成长保驾护航。

本书在编写过程中力求用丰富的内容，准确的阐述，活泼生动的语言，将科学、实用的教育理念与鲜活的案例结合起来，探讨提高孩子自觉性与主动性的重要意义及方法，从而为广大父母更好地教育孩子提供指引。

那些自觉自立、自尊自信的孩子背后，都站着舍得放手、充分尊重孩子的父母。通过阅读本书，相信你一定会受到深深的启发，收获满满。

作者

2023 年 10 月

# 目　录

## 第二章　正面引导，培养孩子的自觉意识　/ 035

## 第三章　时间管理训练，让孩子有规律地生活　/ 075

# 第四章　建立规则，帮孩子自觉养成好习惯　/ 109

# 7 第七章　设立目标，有计划地前行 ／ 213

# 第一章

# 自觉的孩子，需要轻松的成长环境

孩子自觉意识的培养，离不开轻松自由的成长环境，因此，在孩子人生发展的路程中，父母应懂得换位思考，给孩子以充分的信任、尊重和欣赏，挖掘他们身上潜藏的能量。相信在轻松的成长环境下，孩子的自觉意识会慢慢培养起来，变得越发上进自立。

# 换位思考，父母要理解孩子的感受

爸爸妈妈想要让孩子健康、快乐成长，就要给孩子充足的自由空间，重视孩子的感受，学会换位思考，而不要随意去剥夺孩子自主选择的权利。

## 换位思考，是父母理解孩子的基础

在培养和教育孩子的问题上，换位思考起着重要的作用。只有懂得换位思考的父母，才能真正走入孩子的内心深处，明白孩子真正需要的是什么。

然而有些父母却不能明白其中的道理，他们往往打着"关心孩子，爱护孩子"的旗号，以爱的名义替孩子包办一切，企图控制孩子的一切，干涉孩子自主选择的权利，剥夺他们自在成长的自由。

生活中有一些常见的现象，就是父母不懂得换位思考的表现。

比如，天气稍稍变凉，父母就怕孩子感冒，反复叮嘱甚至不顾孩子的意见强迫孩子穿厚实不便的衣物。

有一种冷，叫"妈妈觉得你冷"。一个小小的日常穿衣现象，就充分说明了在一些父母的内心深处，缺少换位思考的概念。

事实上，父母对孩子的干涉和控制，绝不止如此。在生活和学习方面，一些父母也常常以"强烈的责任心"去管控孩子的一切，把自己的思维判断和体验感受强加到孩子的身上，自以为一切都是替孩子考虑，而不是站在孩子的角度去思考问题。殊不知，这样做会造成和孩子心理距离的疏远，进而导致父母在教育上出现种种偏差，陷入一个又一个误区。

父母需要明白的是，换位思考是理解孩子的基础。如果总是这样或那样去要求孩子，却从未站在孩子的角度去理解孩子，时间长了就会觉得孩子越来越不听话。

事实上，父母只有学会换位思考，才能在陪伴孩子的过程中察觉孩子种种情绪或者行为背后的"真相"，才能让孩子从内心深处有被尊重、被重视的感觉，才能增进亲子感情，建立畅通无阻的亲子沟通渠道。

所以说，如果父母懂得换位思考的道理，运用同理心去深入了解孩子内心的真实感受，让孩子感觉到充分被理解，自然就能进一步激发和培养他们的自觉性，使他们成为父母眼中乖巧懂事的好孩子。

## 爱孩子，请给他们以欣赏和尊重

生活中，事无巨细地为孩子包办一切的父母，似乎是在无微不至地爱着孩子，事实上，这种爱并非真正的爱孩子，而是一种溺爱或愚爱。

真正地爱孩子，就要给孩子以信任、尊重和欣赏。当孩子感受到来自父母的尊重和信任后，他们能够从中感受到亲情的温暖，并会在这种积极情感和心理基础上，养成良好的自律性和自觉性。

从深层次的意义上说，孩子在童年时期所养成的行为习惯以及秉性特征，往往会影响他们日后人生发展的高度，所以父母应当在爱孩子的同时，营造宽松自由、和谐有爱的家庭氛围，有意塑造和培养孩子的自律和自觉意识。

### ◎ 尊重孩子，孩子自己的事情由他们决定如何去做

如何做到尊重孩子呢？就是在日常生活中，当孩子遇到事情时，父母尽量不要插手，让孩子自己做出合理的选择。简单地说，就是让孩子有选择的自由权，让他们为自己的选择负责，真正地去"做自己"。

在具体抉择的时候，当孩子选择对了，父母要及时给予鼓励；当发现孩子做错了，或者事情完成得不是太完美，父母也不要对孩子横加指责，而应帮助他们分析原因，确保下次不犯类似的错误。

如果要做一个比喻的话，孩子就像是一株植物，父母需要做的，就是从事一些辅助性的工作，如施肥、浇水、锄草、松土等，至于下来的成长开花，应由孩子独立去完成。

当孩子从一次次的错误和失败中吸取到足够的经验教训后，将渐渐养成自觉、自律的好习惯，从而更好地应对生活中各种挑战，让自己更快速地成长起来。

## ◎ 给予孩子足够的信任，将"自我管理权"交还给他们

想要培养自律、自觉的孩子，父母要给予孩子足够的信任，为他们营造轻松自由的成长环境。而父母信任孩子的先决条件之一，就是要将"自我管理权"下放到孩子手中，逐步培养孩子独立自主、自觉担当的意识。

有这样一则小案例，具有典型的教育意义。

果果平日里爱吃一些小零食，尤其对奶味小饼干无比钟爱。妈妈认为奶味小饼干虽然美味可口，但毕竟不是主食，吃多了不好，于是就严格控制果果食用奶味小饼干的数量。每次果果提出想吃奶味小饼干时，妈妈也只是给他很少一点儿，心想让他解解馋就行了。

可是有一天，妈妈无意中发现被她放起来的奶味小饼干少了一些，不用说，一定是这个馋嘴的小家伙趁着妈妈不注意偷吃了。

一开始，妈妈对儿子的这种行为感到生气，不过又转念一想，一味地控制也不是好办法，孩子爱吃零食是天性使然，既然防不住，那就不妨改变自己的教育方式。

果果放学后，妈妈并没有批评他，而是拿出剩余的奶味小饼干，心平气和地对儿子说："你现在已经是个大孩子了，有一定的自我控制能力了，这些奶味小饼干妈妈交给你保管，不过有一个小小的条件，一天只能吃五块，一个月后妈妈才能给你买新的，

如果你管不住自己提前吃完了，妈妈就不再给你买了，你看咱们这样约定行不行呢？"

果果听了，脸上露出喜悦的神情，同时也向妈妈保证，绝对不会违反双方的约定。

和儿子约定后，妈妈每天悄悄查看奶味小饼干剩余的情况，发现果果果真说话算数，每天确实只吃五片，妈妈对此感到很欣慰。

从上述案例中可以看到，果果妈妈给予孩子信任，从以前妈妈监督孩子变成孩子自己监督自己，这样做不仅没有让孩子过分放纵，反而有效地提高了孩子的自觉和自律意识。

自觉，决定着孩子人生发展的高度。所以，为人父母，要懂得站在孩子的角度去思考问题，在理解他们行为表现的基础上，给他们以充分的信任和尊重，从被动管理转变为主动管理，给予孩子机会，将自我管理权交给他们。相信孩子也会因此变得越来越自觉。

# 批评和打骂是对孩子的伤害

生活中，一些父母在教育孩子的时候，动辄批评打骂。在他们看来，批评和打骂孩子没有什么不妥，只有通过批评和打骂让孩子知道错在哪里，才能有效促进他们自觉、自律，进而进步成长。殊不知，当爱成为一种伤害时，会给孩子的成长带来厚重的阴影。

## 父母为什么偏爱选择批评和打骂教育

明明今年刚上小学三年级。在爸爸妈妈眼中，明

明是一个"顽劣成性"、缺乏自律的孩子，很多行为令他们倍感头疼。比如，明明在学习上缺乏主动精神，放学回家光顾着贪玩，迟迟不去完成家庭作业；在生活中，明明也不怎么爱干净，衣服鞋子乱丢乱放，每天都把家里弄得乱糟糟的……

明明的爸爸妈妈认为，想要教育孩子养成自觉良好的生活、学习习惯，成为一名小小的男子汉，就必须树立"虎妈狼爸"的形象。

因此，在日常生活中，一旦明明没能按时完成家庭作业，或者是在其他方面犯下了错误，爸爸妈妈就会轮番上阵，对他毫不留情地展开一顿批评。有时明明闯了祸，妈妈还会动手教育一番。他们认为，唯有如此，才能让孩子在严厉的管教下变得自觉、自律起来。

但这种以批评和打骂为主的教育模式，并没有起到多么显著的效果，反倒父母越是批评打骂，明明越是明知故犯，甚至会故意惹出一些乱子和父母对着干。

现实中，像明明父母这样，在教育孩子的时候动不动就采取批评、打骂教育方式的现象屡见不鲜。父母自以为找到了一个严格管教孩子的好办法，实际上却犯了"南辕北辙"的错误，棍棒之下不仅不会养出自觉的孩子，大多数时候还会导致孩子性格无比叛逆。

但问题是，这些父母为什么热衷于采用这样的教育方式呢？

分析原因，不外乎以下两点。

第一，在一些父母的眼中，用批评或打骂的方式去管教孩子，能收到立竿见影的好效果。

从孩子的成长发育阶段看，在孩童期、少年期，他们无论是从心理上还是生活上都无比依赖父母，所以，当孩子犯了错误，父母劈头盖脸一顿批评、打骂后，有些孩子尽管心里面不服气、不认输，但大部分没有表现出反抗的行为，往往选择暂时性的屈服，或者是沉默以对。这让父母下意识地认为，批评或打骂的教育方式最管用、最有效。久而久之，这些父母在孩子的教育上，就形成了对打骂方式的依赖。

第二，在一些父母眼中，批评或打骂教育省心省事，比轻言细语的开导或长篇大论的说教强多了。

管教孩子需要一个长期的过程，也需要父母足够细心和有耐心。然而，一些父母却缺少足够的耐心，认为说理教育是虚的，不如批评或打骂直接、干脆。出于这样的认知，一旦孩子的行为表现有不如意的地方，不想多费脑筋的父母，就直接采取粗暴对待的方式，不管效果好不好，先压制住孩子再说。

## 批评或打骂孩子，伤害的仅仅是孩子的自尊心吗

一些父母并没有意识到，动不动就批评或打骂孩子，伤害的不仅仅是孩子的自尊心，还可能导致以下这些情况发生。

首先，批评或打骂孩子，会加重孩子的叛逆心理，让孩子变得更加不自觉。

日常生活中，孩子难免会犯这样或那样的错误，事实上，大多数错误都是孩子的无心之失。理解了这一点，父母看到孩子犯下小小的错误，虽然爱之深，但莫要责之切，轻易不要大动肝火，否则会加重孩子的逆反心理，不利于他们自觉意识的形成。

孩子在父母严厉的管教面前，一开始也许仅仅只是心生不满，然而一旦时间长了、次数多了，孩子会心生反感，越是不让他们做什么，他们越是反其道而行之，偏偏要对着干，随之换来父母更严厉的批评和责骂。这样一来，亲子关系就陷入一种恶性循环，最后以孩子彻底走上叛逆的道路、与自觉自律的好习惯越来越远而告终。

其次，用打骂来控制孩子，会对他们大脑的发育和性格的塑造带来负面影响。

一方面，在孩子的幼年期，父母长期的语言暴力，会使孩子不敢开口说话，从而导致孩子的语言发育功能受到压制。

另一方面，过分地批评或打骂孩子，会让孩子感受不到来自父母的爱，久而久之，原本活泼可爱的他们，会逐渐变得自卑、懦弱、敏感、多疑、焦虑起来，做人做事都缺乏必要的自信心。这样的孩子，想要养成自觉自律的好习惯，谈何容易？

因此，面对"熊孩子"，过多的批评不可取，打骂更是要不得。父母要明白的是，教育引导孩子，应当学会换位思考，站在孩子的角度思考问题。

比如，孩子贪玩调皮或者是做事拖延，这些大多是他们的天性使然，因势利导、榜样示范、说服教育等，都是不错的解决办法，而不是将打骂放在首位。父母应当做的是拿出足够的耐心，去倾听、疏导和鼓励孩子，始终对他们温柔以待，让他们变得自觉、自信、乐观、勇敢。

# 父母的肯定能够激发孩子的积极性

对于年幼的孩子来说，父母就是他们的全世界，倘若经常能够从父母那里收获肯定和赞美，孩子就会变得积极自信、阳光开朗，并在爱的温暖下，进一步激发他们的主动性和自觉性，向着更好的方向迈进。

## 父母的肯定，让孩子更自信和自觉

一位妈妈和同事聊天，在谈起自己的女儿时，这

位妈妈开始大倒苦水。

"为了让我家姑娘学习舞蹈，我都不知道花费了多少时间和精力，可她就是不知道自觉，不肯去努力练习。这不，前几天，女儿参加市舞蹈协会举办的舞蹈大赛预选赛，由于准备不充分，才得了个第八名。知道这个结果后，她倒是哭得很伤心，我也不理她，让她自己好好反思一下！"

同事听了，说道："为什么不多给孩子一些鼓励和肯定呢？孩子这次成绩好与坏没关系，你完全可以和她深入地聊一聊，分析原因，找出问题，给孩子以肯定和鼓励，帮助她平复心情。平时在练习过程中也是，别总怪孩子不自觉，想要让孩子养成自觉的好习惯，就要多多肯定孩子，让孩子变得越来越自信、越来越自觉，这才是她成长提高的最大内推力。"

在同事循循善诱的开导下，这位妈妈终于意识到了自己先前的错误，她表示回家后一定要和女儿聊一聊，用肯定和鼓励来代替冷落和批评。

生活中，在引导和教育子女方面，类似这位妈妈对待女儿的例子也举不胜举。在这些父母眼中，孩子的身上总是存在着许许多多的问题和缺点，比如，学习成绩一直提高不上去，做事马马虎虎，大大咧咧，在客人面前爱表现等。

然而，面对孩子身上所表现出来的缺点和不足，一味地去打击和抹杀，无疑是不明智的做法。正确的做法是真诚地赞美和鼓励孩子，这对于孩子的人生发展有着积极的推动作用。

对于那些缺乏自信的孩子，父母一定要具有同理心，多一些宽容和理解。孩子不优秀，并不代表他们没有努力过；孩子犯了错，并不能说明他们没有努力改正的决心；孩子学习成绩提升慢，也许是他们的学习方法不对路、心理压力过大等因素造成的。

平日里，父母应当多肯定孩子，给孩子以鼓励，给予孩子正确的引导。当孩子感受到父母赞许的目光和话语时，他们会重拾自信心，变得自觉、自律起来。

对于那些自信的孩子，父母也应当根据他们优秀的表现及时给予肯定。得到父母的认可，孩子强大的内在潜能就会得到全面的激发，他们自然也会因此更加积极向上，变得更为自信、自觉、自律。

## 如何正确地给予孩子肯定

没有人喜欢被打击、被否定，每一个孩子都无比渴望能够听到赞美和夸奖的话语，这样会让他们养成积极乐观的心态。心态越阳光，就越努力上进。

明白了肯定对于孩子成长的重要意义，在和孩子相处的过程中，父母应当多去肯定他们，激励他们，给他们营造快乐轻松的成长环境。不过，肯定孩子，也要有一定的方法和技巧，乐于肯定，也要正确地去肯定，不然就会失去肯定的效果。

## ◎ 肯定的话语要走心，让孩子感受到父母发自内心的真诚

父母在肯定孩子的时候，常常会犯这样的错误：肯定的话语太空洞，缺乏诚意和实质性的内容。比如，看到孩子表现不错，大人们会夸奖说"孩子，你真聪明"，或者说"孩子你真棒，非常了不起"。

显然，这些赞美的话语太空洞，不够真诚。真正走心的肯定，应当从孩子表现的细节入手，神色、语气以及肢体动作也都要真诚到位。比如，孩子绘画练习结束了，整个过程也一直努力认真，父母看到后，不妨这样去表扬孩子："孩子，今天这么热，绘画的时间又这么久，但是你一直坚持了下来，表现确实不错，妈妈要给你一个大大的拥抱。"这种有针对性的赞美话语，效果要远远比一句"孩子你真棒"好很多。

## ◎ 肯定孩子身上表现出来的坚毅和刻苦品质，而不是夸赞孩子们的天分

丽丽从小学一年级便报了书法班，练习书法。一开始，父母只是为了让丽丽有一个兴趣爱好，但丽丽却很认真，在书法练习上非常刻苦，努力坚持。当她升到五年级的时候，书法水平已经可以参加全市的比赛了，这让她的爸爸妈妈感到无比的欣慰。

生活中，类似丽丽这样，坚持努力不放弃的孩子还有很多。遇到一道较难的练习题，他们会开动脑筋成功攻克；碰到一件棘手的事情，他们没有求助父母，而是自己独立克服困难。对于孩子身上表现出来的坚毅、认真、努力等优秀品质，父母要抓住关键之处予以肯定和表扬，而不是绕过孩子的这些好品质，去夸孩子聪明有天分，否则不仅不会起到应有的作用，还会无形中助长孩子骄傲自满的心理。

## ◎ 提出建议

没有最好，只有更好。孩子表现优秀，父母在肯定孩子的同时，还应给孩子提出一些合理化的建议，帮助孩子查漏补缺，促使孩子在未来做得更好。

# 以平和的心态面对孩子的成绩

在孩子成长的过程中，他们的学习成绩无疑是父母关注的焦点之一。每一位父母都有"望子成龙"的期望，这本无可厚非，但是父母需要明白的是，无论对孩子的期望值有多高，也一定要保持平和的心态，破除"唯成绩论"的错误思想，这样才能让孩子更加积极主动、自觉地学习。

## 唯成绩论，是教育孩子最大的误区

现实生活中，当孩子度过了咿呀学语、蹒跚学

步的婴幼儿期后，他们的学习问题便成了每一位父母关心的重点和焦点。

从小学到大学，孩子的整个求学生涯都绕不开"学习成绩"。父母总是希望孩子赢在人生的起跑线上，而且在大多数父母的眼中，成绩就是孩子们通向成功的"敲门砖"。

由此，以分数为标准的"唯成绩论"观念，便成了一些父母心中恒定不变的信念，孩子在他们眼中的"好与坏"，都由成绩来决定。

畅畅的父母，就是"唯成绩论"的典型。为了学习，畅畅几乎牺牲了大部分的课余时间，也缺少同龄人应有的快乐。看电视、星期天外出游玩等休闲活动，都几乎和畅畅绝缘了。

一开始，在父母的严加管教下，畅畅还会自觉地努力学习，学习成绩还说得过去，可到了六年级之后，畅畅的成绩出现了大幅度的滑坡。

父母看在眼里，急在心里。他们认为问题主要出在对儿子的管教不够严上，因此每天晚上都会让畅畅学到很晚，畅畅的生活作息规律受到了严重影响。

即便如此，畅畅的学习成绩也依旧没有多大起色。面对孩子持续下滑的学习成绩，畅畅爸爸妈妈更是动不动就批评他，说他不知道体谅父母的辛苦，这么好的学习条件不去珍惜，真是太让人失望了。

面对父母施加的压力，到了六年级的下半学期，畅畅学习不再那么自觉和积极，甚至出现了强烈的厌学情绪，一拿起课本就说头疼，后来索性"破罐子破摔"，无论父母如何苦心婆口地劝说，就是不学习。

直到此时，畅畅的父母才意识到了问题的严重性，一切以成绩为导向，反而让孩子失去了学习的积极性，造成了孩子严重的逆反心理和厌学情绪。

仔细观察我们的身边，像畅畅父母这样"唯成绩论"的父母不在少数，他们将学习成绩当作衡量孩子的第一标准。殊不知这样做只会在子女的教育问题上陷入巨大的误区，不仅会影响孩子的学习积极性，造成亲子关系的紧张，还会导致孩子出现逆反心理和厌学情绪，违背孩子快乐健康成长的规律。

## 请放下焦虑，让孩子有时间来证明自己

破除父母"唯成绩论"的误区，不是说对孩子的学习采取完全放任不管的态度，那样只会从一个极端走到另一个极端。正确的做法是，父母在面对孩子的成绩时，应当保持平和的心态，放

下焦虑。当父母的心态放平了，没有了紧张焦虑的情绪，孩子才会变得更加自觉起来。

首先要摆正心态，放下焦虑。因为父母的焦虑情绪会在无形中传染给孩子，让孩子在惶恐无助中逐渐失去主动学习的动力，所以父母要摆正心态，保持平和的情绪状态。这样，在父母的影响下，孩子的心态也会慢慢变好。

所以，当父母看到孩子的成绩时，请保持一颗平常心。胜败乃兵家常事，世上没有常胜的将军，也没有任何人能一辈子不出现任何失误和差错。对于孩子来说同样如此，父母非要求他们每一次成绩测试都名列前茅，有些强人所难了。

其次是学会引导孩子。很多孩子刚刚开启求学生涯时，对分数、成绩不是太敏感，父母不必太过焦虑，不要一直紧盯着孩子的学习成绩不放，而是应当将注意力放在如何培养孩子的自我管理能力、学习主动性等方面，逐步培养孩子自发学习的好习惯。

最后是多给孩子一些时间来证明他们自己。比如，有一些孩子，小学时候由于贪玩、调皮、不自觉等因素，没有将全部的精力用在学习上，所以可能在某个阶段的学习成绩并不是太优秀。当他们上了初中或高中之后，"拼劲儿"就上来了，一旦自觉地投入学习中去，很可能就能大跨步追上来，带给父母无限的惊喜。

因此在小学阶段，一些孩子在学习上也许表现得不是太优秀，对此，父母也不要太过焦虑，要相信孩子身上蕴藏的巨大潜能，给他们时间来证明自己。只要能培养出他们乐观向上、自信昂扬的心态和自律自觉的好习惯，始终去理解他们，陪伴他们，支持和信任他们，剩下的只需"静待花开"。

# 控制情绪，接受孩子的"不会"

　　在陪伴孩子成长的过程中，父母若能够很好地控制住自己的情绪，面对孩子的"不会"也能坦然接受，并有意识地去营造轻松愉快的家庭氛围，那么对于孩子的健康成长和良好品质的养成就能起到正面积极的"催化作用"。

## 面对孩子的"不会"，父母为什么会失态

　　孩子的成长，离不开父母的陪伴。但在陪伴孩子

成长的过程中，每当面对孩子的"不会"，一些父母总是忍不住当面对孩子大吼大叫，失去平日里的理智和风度。而孩子在经历一通"狂轰滥炸"后，往往又惊又怕，更加不知所措。

父母之所以会出现这种失态的行为，和父母的立场有很大关系。父母和孩子的站位不同，理解问题的角度不一样，而父母常错把孩子当成和自己一样的"成人"看待。

发生在芝芝身上的事情，就充分说明了一切。

芝芝是一名小学三年级的学生，因为数学成绩不太好，妈妈在辅导芝芝学习时将重点放在了数学上面。也许是天生对数字转换不太敏感的缘故，芝芝在遇到类似数学单位相互转换的问题时常常犯迷糊，妈妈也为此批评了她好几次。

有一次，芝芝又遇到了一道和数学单位相关的题目。题目上说桌子大约 1.2 米长，一根棍子是桌子的三分之一，请问这根棍子的长度大约是多少？

在妈妈眼中，这道题没有多大的难度，1.2 米的三分之一，不就是 40 厘米吗？很简单。

但是芝芝在看到题目后，想了又想，迟迟不敢写出答案。最后还是在妈妈的不断催促下，芝芝才犹犹豫豫地写出了她的答案——40 毫米。

数字没有算错，不过却将单位给搞错了，妈妈一看，不由肝火大动。因为前几天针对数学单位的换算问题，她专门给芝芝讲了半个多小时，以为芝芝已经彻底明白了，谁曾想依旧在这个问题上含糊不清。

妈妈终于按捺不住内心的怒火了，她疾言厉色，狠狠地将芝芝批评了一顿，批评到最后，伤心的妈妈竟然和羞愧的女儿抱在一起哭了起来。

实际上，平日里芝芝的妈妈是一个温柔的知识女性，不过因为女儿犯了在她看来太过低级的错误，这才让她当着女儿的面失了态。

其他父母也多是同样的情况，其实，成人和孩子的理解力不同，知识储备不同，如果非要从自己的角度考量孩子，认为他们在学习或其他方面不应该"不会"，在失望情绪的主导下，父母出现失态的情况自然也就不足为奇了。

## 从尝试接受孩子的"不会"开始，做好情绪控制

在孩子的成长过程中，面对孩子的"不会"，父母要多一点理解和包容，毕竟孩子的知识架构薄弱、对事物的认知和处理能力等有限。父母应尝试接受孩子的"不会"，并控制好自己的情绪，在了解

孩子"不会"的原因的基础上，积极引导孩子，为孩子营造一个轻松和谐的成长氛围，让孩子愿学、乐学，从"不会"到"会"。

### ◎ 理解孩子，约束负面情绪

生活中，大多数孩子都是普普通通的，在他们人生成长的过程中，很多知识、技能都需要一步步地学习才能逐步掌握，真正能触类旁通、举一反三的天才少之又少。

只要深入理解这一点，且在辅导孩子学习或帮助孩子做其他事情前做好心理准备，就能在孩子表达"不会"的当下用理智约束负面情绪，并在潜意识里告诉自己："没关系，别生气，谁家的孩子不是这样？要对孩子多一点耐心。"

### ◎ 多去激发孩子的兴趣点，充分调动他们的大脑展开积极的思考

有些孩子在学习、掌握新的知识技能时，不爱思考和动脑筋，甚至会以"不会"为由来拒绝学习，这让爸爸妈妈们感到无比焦虑。面对这一类孩子，父母在给他们讲解时，要找到让孩子感兴趣的点，激发他们积极探索的欲望，一步步地去引导他们展开思考。

比如，有些孩子在面对新奇的事物时，总爱"刨根问底"地

问个为什么。面对孩子层出不穷、千奇百怪的问题，父母不应显露出不耐烦的神色，而应当敏锐地感知到，孩子爱问为什么恰恰是他们求知欲旺盛的表现，所以一方面要及时给予答疑解惑，另一方面也鼓励孩子多去开动脑筋，积极思考，让孩子自己寻找问题背后的答案。

当孩子的某个兴趣点被激发了，他们学习的"兴趣树"就会被点亮，自然也就能够从被动学习的状态中逐步转化为自觉、主动学习，积极地去攻克难关。

## ◎ 当孩子产生厌倦放弃的念头时，用"成长型"的思维去引导孩子

父母要有意识地培养孩子的"成长型"思维，告诉孩子没有人生来就无所不知，许许多多有成就的人，也都是经过一番努力刻苦后才能取得成功；要鼓励孩子，让孩子相信通过自身的努力一定能克服困难，收获成功。

比如，孩子练习舞蹈时，高难度的肢体动作总是不协调，为此产生了畏难情绪。父母看到这种情况后不要用强硬的手段逼着他们去学，而应采用鼓励的方式对他们说："孩子别急，咱们慢慢来，如果什么都是一学就会，这个世界上就没有什么难事了。也

许你今天没能好好完成规定的动作，但只要你肯用心用功，爸爸妈妈相信你一定能越来越优秀！"

其实在很多时候，当父母尝试接受了孩子的"不会"后，反而能心平气和。当父母不再焦虑或大发雷霆时，孩子也会变得更加乐观自信、积极向上，愿意主动学习。再加上父母的耐心引导，孩子会逐渐由"不会"变成"会"。

# 第二章

# 正面引导，培养孩子的自觉意识

孩子自觉意识的培养，离不开爸爸妈妈的正面引导。明智的父母总能从孩子成长的心理规律出发，能够充分尊重孩子的意见和选择，创造条件提供孩子独立发展的机会，让孩子一步步走向自觉和自律。

# 为什么父母越催，孩子越抵触

生活中，有的孩子做事的时候，自觉意识不强，容易有拖延的坏习惯，父母看到孩子做事磨磨蹭蹭，也免不了会催促他们。然而常让父母意想不到的是，催促不仅没有起到好的效果，反而会让孩子变得越来越抵触，越来越逆反，自觉性也变得越来越差。

## 为什么父母越催，孩子的自觉性越差

在陪伴孩子成长的过程中，爸爸妈妈和孩子之间往往会形成一种"爱怨交织"的情感关系。一方面，父母无不深深爱着自己的孩子，希望他们能健健康康、快快乐乐地长大；另一方面，一旦看到孩子做事拖拉、行动缓慢时，父母就又按捺不住内心的焦虑，不停地催促孩子快一点。

殊不知催促次数多了，孩子会表现出烦躁、抵触的情绪，不仅不再配合爸爸妈妈的指令，甚至还会"反其道而行之"，偏偏和父母的要求对着干。孩子的这种行为表现，自然如火上浇油一般，让父母情绪产生波动，让亲子关系出现裂痕。

很多时候，父母的催促，反而会毁掉孩子的自觉性。分析其中的原因，大致有以下几种。

一是父母的催促，会让孩子产生消极抵抗的心理。

小孩子大多活泼好动，非常贪玩，自制力也比较差，缺少时间观念。当他们对眼前的新鲜事物产生了浓厚的兴趣后，会沉浸其中想要玩个痛快，没有自觉停下来的意识。

正当他们兴致勃勃的时候，父母却在一旁不停地催促，这会让孩子认为爸爸妈妈干扰了他们，心里不高兴，脸上自然就会流露出不情不愿的表情。一旦听够了父母的催促和唠叨，孩子就会产生逆反心理，以抗议和抵触等肢体语言、动作来表达内心的不满。

二是在父母的催促下，孩子的成就感被否定，让他们产生挫败感。

孩子做事需要来自父母的肯定和赞扬，他们能从中获得满满的成就感。比如，有一些较为自觉的孩子，他们做事比较认真自觉，积极努力，内心不愿被爸爸妈妈催促。但是有的父母不仅没有看到孩子的自觉和努力，相反还会经常以催促的方式去打击他们，这就会让孩子产生满满的挫败感，不利于孩子自觉意识的引导与培养。

三是父母的催促导致孩子的依赖性越来越强，越来越缺少自我规划意识。

有的父母不停催促孩子做事，甚至代替孩子做事，然而这样反而会导致孩子依赖性越来越强，靠着父母的催促才能完成手头的事情，甚至指望父母替他做事。久而久之，孩子就会缺乏自我规划意识，逐步丧失主动性和自觉性。

## 光靠催促不行，巧用妙招"四两拨千斤"

每一个孩子都有自己独特的个性和生活节奏，在陪伴孩子成长的过程中，想要培养出孩子自觉、主动的思维意识，父母就不要轻易去阻止孩子的自主选择，也不要去随意打断他们学习做事的节奏，而是应当从改变教育方式入手，用巧妙的方式来引导他们，自然就能起到"四两拨千斤"的效果。

## ◎ 培养孩子的时间观念是关键

孩子贪玩没关系，重要的是要让他们有较好的时间观念，做事不拖拉，父母也就省得苦口婆心地去催促他们。

首先父母应从自身做起，无论在孩子面前做什么事情，都注意强调时间观念，让他们在耳濡目染中受到教育。

其次是注意以守时培养孩子的时间观念。比如，带孩子去公园里玩耍，事先说好只玩一个小时，到点就一起回家。

最后是做事高效。良好的时间观念和做事效率高密不可分。父母在平日里应当告诉孩子，该玩的时候要好好玩，该学习的时候就好好学习，一到学习时间，就应高效地投入其中，越早完成学习任务，剩下归他们自由支配的时间越多，以此来督促孩子养成做事高效的好习惯。

## ◎ 让孩子拥有自主选择权

孩子虽然年龄小，但也有一定的自主意识，他们遇到事情也有自己的想法和规划，父母一味催促，只会激发孩子的逆反心理，起到反作用。

　　聪明的父母，常会把自主选择权交到孩子的手中，将"命令式"的催促变为"友好式"的协商，让孩子自己权衡利弊做决断。

　　比如，孩子不好好写作业，一直磨磨蹭蹭，父母不用反复催促孩子，可以这样问孩子："你是想尽快写完作业和我们一起出去玩？还是待在这里一直写作业？"

　　对于孩子而言，尽快写完作业就能愉快地玩耍，这会形成强大的"内驱力"，促使他们改掉拖拉的行为习惯。

### ◎ 在孩子遇到棘手的难题时，提供必要的帮助

　　当孩子做事拖拉、磨蹭时，父母一味地催促，很多时候无益于问题的解决。这时，不妨站在孩子的角度，在看到他们有畏难情绪或者遇到棘手的事情时，及时给孩子提供一定的帮助，一步步培养孩子的自信心，当孩子的自信心增强了，自觉意识也会在悄然间得到强化和提升。

# 提高孩子的自理能力

　　仔细观察生活不难发现，生活中那些自理能力差的孩子，做事时容易丢三落四，学习时也总是很被动、效率低。因此，想要培养孩子的自觉性和主动性，就要不断地提高他们的自理能力，让孩子变被动为主动，踏上健康成长之路。

## 孩子自理能力和自觉性差？多从父母身上找原因

　　当孩子一天天长大，一些父母却突然发现孩子的

自理能力和自觉性很差。明明都六七岁了，还不会穿袜子，自己的房间也不知道收拾，衣服、学习用品堆得哪里都是，让人不忍直视，就连作业也需要在父母的反复敦促下才能完成。

让父母想不通的是，孩子不应该是越大越懂事、越大自理能力越强吗？怎么感觉越来越不让人省心，究竟是哪个环节出现了问题呢？

事实上，孩子缺乏自理能力、自觉性差，大多要从父母身上找原因。晨晨的故事，或许能够带给我们启发。

晨晨上初中后，由于学校离家比较远，父母平日里又忙于工作，于是选择让晨晨住校，想着这样更有利于孩子的学习。

哪知第一个星期刚结束，回到家的晨晨就抱怨不休，说什么都不愿住校了。

在妈妈的追问下，晨晨才说出了原因。原来从小到大，晨晨一直生活在父母身边，日常饮食起居都严重依赖父母，根本无须自己费心。

现在住校了，饭菜需要自己去食堂买，碗筷需要亲自洗涮，床单被褥也要按照宿舍管理的要求叠得整整齐齐。晨晨感觉没有爸爸妈妈在身边，就像是天塌了一般，自己什么都不会做，很难适应住校生活。因此她咬牙坚持了一星期，回家后坚决要求不再住校。

晨晨妈妈听了哭笑不得，想不到孩子自理能力这么差。如果要怪，也只能怪自己这个做母亲的。孩子上初中以前自己总事无巨细地替女儿包办一切，就连早上刷牙前，她也会顺手帮晨晨将牙膏挤好，想不到自己无微不至的关爱，反而让女儿成了生活上的"低能儿"。

现实中，类似晨晨父母的例子还有很多。他们常常无怨无悔地为孩子付出一切，小到穿衣吃饭，大到孩子本力所能及的家务，都一概包办。久而久之，就会造成孩子自理能力低下、行为散漫、缺乏独立性和自律性的严重后果。

## 真正爱孩子，就要从小培养他们的自理能力

天下很少有不爱自己孩子的父母，然而爱孩子的正确方式，是从小培养孩子的自理能力，增强孩子的自觉性，而不是一味地溺爱，让孩子丧失自主生活的能力，逐渐成为一名离不开父母庇护的"巨婴"。

因此，父母要从小事着手，逐步培养孩子的自理能力。

### ◎ 科学引导，让自理意识在孩子心里"生根发芽"

孩子在小的时候，受年龄和身体发育的限制，吃饭穿衣这些看似简单的小事情尚不能独立完成，不得不依靠父母帮助。但是当孩子稍微大一些时，父母就应在日常生活的点点滴滴中，给孩子灌输自理意识。

比如，孩子能够拿起筷子、勺子了，这时爸爸妈妈就不要"越俎代庖"了，而要鼓励孩子自己动手吃饭："孩子你真棒，一碗饭自己吃得干干净净，爸爸妈妈给你点赞。"

这些日常生活小细节，凡是孩子能够自己独立完成的，父母都要及时教导孩子，告诉他们"自己的事情自己做"，做错了没关系，从头再来就是，让自理意识在孩子幼小的心里烙下深深的印记。在保证安全的前提下，相信只要父母积极放手，孩子的自理能力就能得到快速的提升。

### ◎ 循序渐进，逐渐提高对孩子的要求

除了让孩子独立去完成和他们自身相关的一些事务外，父母还应有意识地分配一些简单的家务劳动给孩子，让孩子参与其中，这对培养孩子的自理能力、提高孩子的自觉意识有着非常显著的效果。

当然，让孩子参与家务劳动，也要慢慢引导孩子，循序渐进。

一开始，可以从最简单的洗碗、擦桌子入手，等孩子能够熟练操作了，再让孩子尝试拖地、整理房间、洗衣服等复杂的家务。

　　当孩子在做这些事情的时候，父母可以一步步给孩子提要求。比如，要求孩子房间保持整洁，物品摆放有序；穿衣搭配方面，要做到落落大方、干净整洁等。这些合理要求的提出，对培养孩子的动手能力和自觉意识，都有着积极的促进作用。

# 给孩子独立发展的机会

　　学会自觉、自理以及独立，是孩子人生成长过程中至关重要的一个环节。只有顺利完成了这个环节，他们长大之后才能像雄鹰一样，自由地翱翔在广阔的天空中，而不是一直躲在爸爸妈妈的羽翼下。爱孩子，就请给孩子独立发展的机会，不断地激发他们的自觉意识，让他们在磨炼中获得成长进步。

## 不要让孩子成为"温室里的花朵"

　　父母对孩子的爱应有一个前提，即父母一定要给

孩子独立发展的机会，不能一直将孩子放在"舒适的温室"里养育。

也许有些父母对此不以为意，在他们眼中，孩子还小，应该尽可能多地给予呵护和照顾，等到孩子长大之后，再接受必要的锻炼和磨炼也不迟。

显然，这部分父母的育儿理念存在着很大的误区。我们需要明白的是，一方面，父母不可能陪伴孩子一辈子，未来的路，终究还是要靠孩子自己去走。因此，让孩子越早接受独立发展的锻炼，去经历一些"风风雨雨"，就越有助于他们更快、更好地适应社会，融入社会中去。

另一方面，孩子在自身成长的过程中，随着年龄的逐步增长，他们本身的独立意识也在悄然苏醒。他们渴望自己能够不受父母的干涉，去完成一些他们感兴趣的事情，去证明自己是一个能思考、会做事的"小大人"。

如果在孩子独立意识觉醒的阶段，父母反而为了所谓的"爱和安全"，有意无意设置种种障碍，不给孩子提供独立发展的机会，压制他们创造发挥的自由天性，将孩子的独立精神扼杀在摇篮里，最终后悔的一定是父母，他们将会和孩子一起品尝溺爱的"苦酒"。

草原上，狐狸妈妈和幼崽独处的甜蜜亲子时光非常短暂，当小狐狸长到两个来月的时候，狐狸妈妈就会教它们捕猎的技巧，帮它们掌握独立生活的技能。

等到它们稍微再大一些的时候，就会被妈妈强行驱离，独立迎接生活的挑战。难道狐狸妈妈就不怕幼崽遭受狮子、豹子、鬣狗等大型肉食动物的毒手吗？狐狸妈妈当然也很爱自己的幼崽，但它很清楚，小狐狸们必须具备独立生存的能力，唯有如此，它们才能在激烈的自然竞争中存活下来。

对于孩子来说也是如此。缺乏独立发展机会和必要锻炼的孩子，在生活、学习中会逐步变得消极被动，缺少强大的自信心和勇气，在困难面前会畏首畏尾、裹足不前。

因此，在确保孩子相对安全的环境下，应给孩子以独立发展的机会，让他们去尝试，去试错，在锻炼中获得独立生存的技能，吸取宝贵的经验教训，只有这样，才能培养出性格积极阳光、做事自觉主动的孩子，孩子也才能真正地从独立一步步走向成熟。

## 创造机会，让孩子证明自己能行

爱子之心，人皆有之。父母都希望给孩子提供最好的物质条件，给予他们最深的爱。

爱孩子没有错，但要正确区分关爱和溺爱。真正地爱孩子，会给孩子以时间和空间，会让孩子在生活的磨炼中真正地成熟长大，学会独立。

依依的父母，就是非常注重培养孩子独立自觉精神的父母，生活中的他们，也尽可能地给依依提供实践锻炼的机会，促进他尽快地成长。

暑假来临了，依依的父母决定带依依一起外出旅游，开阔眼界。他们把做旅游攻略的重任交给了依依，并鼓励依依大胆计划，他们全力支持。

父母的信任和鼓励让依依的内心激动不已，他随即拍着胸脯向爸爸妈妈保证，一定让全家有一次愉快的旅途体验。

于是出发前的日子里，翻资料，查网络，从旅游目的地的选择到车票的购买，以及经费的核算，依依做足了功课，最后拿出了一份详细的家庭出游计划。

依依的爸爸仔细查看了之后，又提出了一些意见，依依听取了爸爸的建议，又重新修改了出游计划，整个行程安排更趋于完美。

旅行开始后，依依还自告奋勇，充当起了"小向导"的角色，食宿安排都是他独自跑前跑后，不用父母多操心。他还认真地记录下每天的花费，和出游计划的预算进行对比，查找不足的地方。

为期半个月的家庭旅行结束后，依依的父母发现通过这次锻炼，孩子的眼里多了一份自信和成熟，好似又长大了很多。

从依依的案例中不难看出，创造机会，锻炼孩子，是促进孩子独立发展的最好方式之一。在这一方面，父母一是要学会放手，也要敢于放手，把选择权交给孩子，让孩子沿着他们可以独立行走的道路坚定地走下去。而父母需要做的，就是监督好孩子前行的大方向不出错即可。

二是鼓励孩子独立思考，用实践来证明自己。遇到问题的时候，父母不要急于给孩子做出正确或错误的判断，而是鼓励孩子多去积极地思考，在思考之后，积极地投身到实践中去，自由地去探索，用实践来证明自己思考的对与错。

显然，当父母学会放手，给孩子以独立发展的机会，孩子独立思考能力和独立解决问题的能力就会慢慢得到增强，最终成长为一个自觉向上的优秀少年。

# 尊重孩子的意见和选择

一些父母在与孩子相处的过程中常常扮演着"权威"的角色，不允许孩子有自己的主见和选择，殊不知这样做会给孩子的成长蒙上一层阴影。事实上，爱和尊重同等重要。尊重孩子的意见、兴趣、志向和选择，培养他们的自觉意识，才是培养孩子的正确方式。

## 尊重孩子，才能让他们更自觉上进

在我们的家庭教育中，有这样一种错误的倾向：

父母总是认为自己的人生阅历和社会经验要比孩子丰富很多，所以他们很少会认真对待孩子的观点和想法，想当然地认为孩子的建议与选择是幼稚不成熟的，缺少对孩子应有的尊重。

正因如此，当孩子想要表达自己的观点时，这些抱有偏见的父母，便会以一种居高临下的姿态斥责道："我们走过的桥比你走过的路还长，你的想法不成熟，不听父母的话，将来会摔跟头的。"

当头一盆凉水泼过去，孩子再澎湃的热情，也会被瞬间浇灭。更为可怕的是，这些父母不仅将孩子的想法"扼杀"，他们还会从自身的经验出发，代替孩子做出各种各样的选择，无论孩子愿意与否，从不会去征求孩子的意见。

早上出门前为孩子准备好换穿的衣服，至于是不是孩子喜爱的款式和色彩，父母从不去考虑，反正他们已经替孩子做好了选择，孩子服从就是。

孩子对绘画感兴趣，爸爸妈妈却认为学音乐更有前途，于是不管孩子的抗议，执意让孩子按照大人的意愿去学音乐，至于愿不愿意学，学不学得好，他们也认为那都是孩子的责任，和他们无关。

凡此种种，类似的例子比比皆是。粗暴地代替孩子做选择，不懂得尊重孩子的意愿，成了现代社会家庭教育中最大的误区。殊不知，给予孩子尊重，才能令孩子自觉上进。

　　曾获得 1904 年诺贝尔生理学奖和医学奖的俄国科学家巴甫洛夫的求学故事颇有教育意义。

　　小时候的巴甫洛夫，家境并不好，而爱好读书的他，非常渴望父亲能够给他买一些图书看。巴甫洛夫的父亲给予了儿子最大的尊重，于是节衣缩食，竭尽所能地为儿子购买书籍让他阅读。

　　在大量地阅读之后，巴甫洛夫渐渐地对生物生理学产生了浓厚的兴趣，小小年纪的他暗暗立下志向，将来一定要成为一名生物学家，在生物领域有所建树。后来，他瞒着父亲，偷偷报考了彼得堡大学的生物学院，并被顺利录取。

　　父亲事后才得知儿子的举动，虽然在当时生物学并不是什么"有前途"的学科，但开明的父亲在简单思考后，还是义无反顾地支持儿子的选择。

　　有了父亲的支持，巴甫洛夫更加心无旁骛地投入学业中，后来他能够成为闻名世界的生物学家，和当初父亲对他选择的尊重也有着莫大的关系。

　　巴甫洛夫父亲的做法，自然值得很多父母去学习，尊重孩子的选择，尊重孩子正当的兴趣爱好，当孩子感受到来自父母的肯定与支持，孩子也会变得更有信心和动力，便也会越发自觉上进、勤奋努力。

## 培养孩子，请从学会尊重他们开始

爱孩子，首先要懂得去尊重孩子的意愿和选择。尊重，对于孩子人生成长的重要意义不言而喻。

### ◎ 尊重孩子的自我选择

一方面，父母要给孩子创设开放的空间，让孩子得到自由的成长，比如，孩子已经决定了的事情，爸爸妈妈尽量不要去干涉，即使是孩子的选择错误了，也可以在事后给孩子提一些意见和建议，帮助孩子从中吸取经验教训，不再犯类似的错误。

另一方面，父母还应允许孩子有自由表达的权利，鼓励孩子勇敢地提出问题，说出内心真实的想法。其中，正确的父母要鼓励，错误的则要及时去纠正，从而逐步提升孩子的思考和认知能力。

### ◎ 和孩子平等交流，倾听他们内心真实的声音

很多父母认为孩子还小，不具备自我选择的能力。事实上，

孩子从大约两三岁时起，就有了初步的自我选择意识，这一点从他们日常生活中的衣食住行等细节中就可以看得出来。

比如，不爱吃的饭菜，不喜欢的衣服颜色，如果父母强迫他们服从时，孩子大多会以摇头、哭泣等肢体语言动作来表达内心的不满。这时父母就应当和孩子深入交流，弄懂他们的真实意愿是什么。多一分理解，多一些尊重，也让孩子多一分选择的自由。

有时候孩子的选择是错误的，父母也可以适当放手，在确保孩子安全和不会产生其他危害的前提下，让孩子自己去承担后果，这样会让孩子更快地认识到错误，从错误中汲取经验教训，更好地成长。

# 孩子需要自己的空间

作为独立的个体，每个人都需要有一定的个人空间。不仅成年人如此，孩子在成长过程中对个人空间的需求，爸爸妈妈也不能忽视。培养孩子的自觉性，给予并尊重孩子的个人空间，绝非无关紧要的小事。

## 空间，也是孩子所需要的

在成人的世界里，"空间"是一个使用频率较高的词语，人们总是强调个人空间的重要性，要求彼

此尊重各自的私人空间，不允许自己的空间被轻易冒犯。

然而，一些成年人只知道去关注自身的权益，对孩子也需要有自己空间的说法却是一头雾水，很不理解。很多爸爸妈妈在谈到孩子的空间问题时，往往会露出惊讶的神色："孩子才几岁呀？恐怕他们连空间的概念是什么也不知道，更别说有什么个人空间的需求了，纯粹是无稽之谈。"

显然，在这些父母眼中，孩子年龄小，就不配拥有自己的成长空间。事实上，随着孩子渐渐长大，自我意识逐渐增强，孩子对个人空间的需求也在逐步增长。

日常生活中，孩子会在有意无意间表现出对空间的需求和依赖。比如，如果父母不经允许，甚至连门都不敲，直接闯进孩子的房间，孩子可能就会对父母冒犯自己空间的行为感到生气。

所有这些，都是孩子空间意识的体现。实际上，如果去分析孩子内心对空间的需求，我们还会发现他们在成长的过程中，不仅需要物理意义上的空间，还需要心理意义上的空间。

孩子心理意义上的空间，主要体现在他们渴望能够得到父母的理解和支持，而不是干涉、限制和无处不在的约束，那样会让他们产生深深的被束缚感。

比如，有些父母常常会打着为孩子好的旗号，时时观察和控制孩子的一言一行，在这种家庭氛围下，孩子正常的心理成长空间被一步步压缩，阳光自信、自觉主动等优秀品行消失不见了，取而代之的是精神焦虑、内心压抑等不良情绪状态。如果父母不能及时敏锐地察觉，对孩子的心理发育将会带来较为严重的影响。

由此可知，无论是物理意义上的空间，还是心理层面的空间，在孩子的人生成长过程中都是不可或缺的，孩子拥有自己的空间，对培养其自觉性有着莫大的益处。

首先，拥有个人空间可以让孩子安排自己的事情，从而培养自觉性、独立性。比如，在条件允许的情况下，可以给孩子配备一间安安静静的书房，给他们创造一个舒适、温馨的学习环境，在这样的空间里，孩子可以根据自己的学习计划合理安排学习时间，他们在心理层面上也会认为自己"长大了"，有了更多的自由，因此无论在学习上还是生活中，都会变得更加主动自觉。

其次，如果有自己可支配的空间，当孩子有了负面情绪时，就可以躲在这个安静的角落里反思自我，在没有父母的干扰下，让原本起伏不定的情绪得到合理的释放，这时父母再去和他们沟通交流，效果会好很多。

## 如何给孩子更多的个人空间

孩子的成长，需要合适的成长空间。比如，孩子到了一定的年龄，需要和爸爸、妈妈分开睡，给他们准备一间属于自己的卧室，这样做有助于孩子更早地学会和适应生活上的独立，逐步培养他们的自觉性。

除了物理意义上的空间，给予孩子宽松的心理成长空间更为重要。

天天八岁的时候，开始和父母分床睡。

第一天晚上，天天的妈妈一直留意着儿子房间的动静，不放心的她，每隔一两个小时，就会跑到孩子的房间里查看动静，要么是担心孩子的被子掉了，要么是怕孩子半夜醒来口渴。

最后一次，妈妈的动静大了一些，睡眠浅的天天被惊醒了，他看到妈妈出现在自己的床边，很快便明白过来是怎么回事，随后他勇敢地对妈妈说："妈妈放心，我都是一个小小男子汉了，会照顾好自己的。"

由此可知，在孩子的成长期间，他们不仅需要具有"领地意识"的物理空间，也更渴望能够拥有宽广自由的心理空间。除此外，父母还可以这样做。

一方面，尊重孩子的隐私空间。每个孩子都有自己的"小心事""小秘密"，孩子愿意和父母分享的，父母要认真倾听，在交流沟通时提出自己的建议；反之，如果孩子不愿意和父母分享内心的小秘密，父母也应当克制住好奇和冲动，做到不去翻看孩子的日记，不追问孩子不太愿意回答的问题等，让孩子能够充分感受到来自父母的尊重。

另一方面，给孩子以情感空间，让孩子学会独自去面对、去处理自己的事情。比如，当孩子心情低落、处于情绪低谷期时，父母看到后，先不要急于去安慰孩子，而是给他们一个独自消化的时间和空间，也许很快孩子就能通过自我调节走出低谷。

显而易见的是，当父母给予孩子一定的空间，孩子在生活、学习上会表现出更多的自信从容、勇敢坚强和积极自觉。到了那时，父母也会惊喜地发现，他们眼中的孩子，真的慢慢长大成熟了。

# 允许错误发生，让孩子在挫折中成长

在成长的过程中，孩子都难免会犯错。作为父母，要允许孩子适当犯点错，让孩子从挫折中吸取教训，逐渐成长为一个独立自主、抗压能力强的人。

## 别太担心孩子会犯错

家庭教育中，父母最担心的事情之一，就是唯恐孩子不小心犯下这样或那样的错误。比如，兴致来了，拿起笔在墙上乱涂乱画；出于好奇心理，趁大人不注

意，将家里的电器拆卸开"研究"；参加朗诵比赛，因为失误导致发挥不佳等。各种各样的错误不一而足，几乎在每一个孩子的身上都会发生。

在大多数父母的心中，自然期望孩子不犯或少犯错误，他们常常认为那些不犯错误的孩子才是完美的好孩子，他们还会把身边那些行为规矩、极少犯错误的孩子当作榜样，让自家的孩子学习效仿。

孩子不犯错误真的好吗？当然不是。爸爸妈妈应该明白的是，犯错误，其实也是一种学习成长的方式，在合理引导下，犯错误这件事反而能反向促进孩子快速进步。

有一些错误，能够让孩子认清自我，反思自身的不足之处，也能够让孩子从中吸取教训，积累经验，以得到更好的成长。

比如，在日常生活中，有的孩子不听父母的劝告，吃饭时坐姿不端正，饭菜撒得到处都是，这时父母就可以"现场说法"，告诉孩子坐姿不正的危害，让孩子认识到自身的错误，继而加以改正。

还有一些错误，可能让孩子在错误中发挥潜能。以学习为例，孩子学习时会犯各种错误，当他们意识到自己"走了弯路"的时候，就会在学习上更多地开动脑筋，寻找正确的学习方法。

如果孩子害怕犯错误，或者是父母约束孩子不让孩子犯错误，反而会导致孩子养成谨小慎微的性格，做事畏首畏尾，瞻前顾后，

失去了自觉的动力，最终也会逐渐丧失探索新鲜事物的兴趣和
勇气。

## 犯了错没关系，请做好孩子的"挫折教育"

　　旭阳是一个聪明活泼、好奇心强的孩子。有一次，爸爸买来
了一盆名贵的盆景放在了家中，还特意交代旭阳要好好爱护它。

　　旭阳的好奇心上来了，每天琢磨着怎么样让盆景长得更旺盛。
他在自然课上学过，植物的生长需要阳光、肥料和水，于是他就
按照自己的理解，一有时间就给盆景浇水。除此之外，他还买来
花肥，勤快地施肥松土。

　　爸爸忙于工作，每天早出晚归，一开始没有注意到旭阳的
"小动作"。一转眼半个月时间过去了，爸爸无意中发现盆景植株
的叶子渐渐发黄枯萎，仔细查找原因后，最终从旭阳这里找到了
答案。

　　犯了错误的旭阳非常担心被爸爸斥责，谁知爸爸却心平气和
地找来旭阳，先是指出他的错误，然后又和他一起，研究如何尽
快挽救这株盆景。父子俩齐心合力，终于让盆景茂密如初，而旭

阳通过这件事情，又学习到了很多养护花草的小知识，在小小的挫折中得到了成长。

旭阳的故事告诉我们，在孩子的成长过程中，他们常常会因为粗心大意，或者是知识、经验的不足等，犯下各种或大或小的错误。作为父母，不能因为孩子犯了错就怒火中烧，一味地去否定批评孩子，正确的做法是，应当做好孩子的"挫折教育"，让他们从错误中吸取教训，把坏事情变成好事情。

简单地说，挫折教育的根本目的，是培养孩子的耐挫力与耐受力。

人的一生中，总要犯各种各样、大大小小的错误，从不犯错误的人是不存在的。对于孩子而言，小小年纪的他们，自然也会经常犯错误，也会因为错误而面临失败和挫折的局面，心生沮丧。

事实上，遭遇挫折不可怕，要知道失败是成功之母，从哪里跌倒就从哪里爬起来，拍拍身上的灰尘继续奋勇前行，这才是塑造孩子性格最为重要的一个方面。没有耐挫力，不经历一番风雨的摧折和磨炼，一点点挫折便会把他们击倒。

如果缺乏必要的挫折教育，孩子在失败面前，就会轻视自己、否定自己，认为自己做什么都不行，一旦心态消极，孩子未来的成长之路，就会蒙上一层厚厚的阴影。

在进行挫折教育时，父母应讲究正确的方式和方法。

当孩子犯了错误时，父母首先要保持冷静，管理好自己的情绪，同时给予孩子正确的引导，帮助他们认识错误，改正错误，在错误中得到学习成长。比如，孩子走路不小心跌倒了，在保证安全的情况下，尽可能地让他们自己爬起来，然后心平气和地同孩子探讨摔倒的原因，让孩子记住以后不犯或少犯这样的错误。

其次父母要留给孩子解决错误的时间，耐心鼓励孩子不断尝试，一步步去提高孩子的耐挫力。比如，孩子参加比赛时没有取得好成绩，父母不要动不动就去指责孩子不细心、不认真，而是要和孩子一起分析原因，找出问题，鼓励他们再接再厉。唯有如此，才能使孩子慢慢形成对待挫折的正确态度，促使他们养成阳光积极、自觉向上的强大稳健的成熟心态，学会去独立面对生活中的逆境。

# 第三章

# 时间管理训练，让孩子有规律地生活

"一寸光阴一寸金，寸金难买寸光阴。"对于孩子而言，时间是最宝贵的财富。身为父母，要帮助孩子认识时间的重要性、树立正确的时间观念、培养孩子的自觉性，并通过一些科学合理、行之有效的时间管理训练让孩子逐渐学会掌控时间，成为时间的"主人"，学会从容不迫地安排好自己的学习与生活。

# 根据孩子的作息制定时间表

很多父母抱怨，自家孩子不能按时起床、按时睡觉，生活极其没规律。应该休息的时候，孩子总是生龙活虎，精力旺盛；应当学习的时候，孩子却无精打采，昏昏欲睡……其实，孩子之所以出现这些问题，就在于他们缺少一份科学合理的作息时间表的约束。

## 作息时间表，虽小却重要

孩子大多缺乏时间意识，如果没有作息时间表的

帮助，一些孩子可能会如"脱缰"的野马一般，在不自觉的道路上一路狂奔下去，最终养成散漫懒惰的不良习性。

壮壮的妈妈，就曾被孩子不按时作息的问题搞得焦头烂额。原来，在壮壮学龄前时，妈妈缺乏对他合理安排作息时间的引导，壮壮想睡就睡，想玩就玩，生活作息严重不规律。

长期不规律的作息生活，让壮壮入学后很难适应学校的节奏。早上被催了无数次，壮壮才勉强揉着眼睛迷迷糊糊起床，每次总是最后一个到校。

晚上也是如此，每当妈妈催他要早早入睡时，壮壮都以各种理由拖着不睡，晚上不睡，早上不起，就一直这样恶性循环。直到此时，妈妈才后悔万分，明白了作息规律对孩子成长的重要性。

生活中像壮壮这样的孩子还有很多，作息不规律的他们，不知道自己该在什么时候做什么事情，把生活和学习完全搞乱了。

由此可知，小小的作息时间表，虽然看起来微不足道，但它对培养孩子的自觉性和自律性有着积极且重要的意义。

首先，它可以帮助孩子养成规律的生活习惯。在作息时间表的约束下，孩子会按时起床吃饭，按时休息，日常生活变得有条理、有规律。尤其是在孩子长身体的时期，合理的作息时间表能够让孩子的营养摄入和睡眠得到充分的保证。

其次，它可以帮助孩子提高自我管理的能力。详细完备的作息时间表会在无形中起到督促孩子的作用，告诉孩子什么时候该学习了，什么时候该休息了。当孩子能够按照作息时间表的细则行动时，他们的生活和学习自然就能够从被动转为自觉，逐步提升自我管理的能力。

最后，它可以大幅度提高孩子的学习效率。科学合理的作息时间表是对孩子学习的一种鞭策和约束，会让孩子感受到时间的重要性与紧迫性，这样孩子学习时就会争分夺秒、全身心地投入学习中去，无形中他们的学习效率就会得到有效的提升。

## 科学安排，让孩子作息有规律

科学合理的作息时间表，能让孩子劳逸结合，有学习，有娱乐。同时，对孩子作息时间的适当约束，能让他们产生时间管理的意识，学会恰当安排自己的生活和学习，让一切都具有条理性和可控性。

因此，在具体制定作息时间表时，父母应当以家庭的实际需求为基础，再结合孩子的日常行为习惯制定更科学、更具可操作性的时间表。

## ◎ 作息时间表的内容要丰富多样、科学合理

作息时间表不仅应包含孩子的学习时间，还应涵盖娱乐、锻炼、休闲放松等时间，以体现出劳逸结合的特点。

比如，爸爸妈妈下班后，可以利用晚上的时间多陪陪孩子，多和孩子互动，在临睡之前，带他们听听音乐放松一下，或者是给他们讲一些生动有趣的小故事，这些不仅有助于孩子的睡眠，也会在无形中拉近与孩子之间的距离。

另外，要确保孩子获得充足的睡眠和休息，这也是作息时间表的核心要素之一。幼儿期和青少年期正是孩子长身体的关键时期，要使孩子健康成长，除了要确保孩子摄入充足的营养，还要保证孩子获得充足的睡眠。

为此，父母要结合作息时间表，催促孩子早早睡觉、早早起床，让孩子养成良好的生活习惯。当然，春夏时节昼长夜短，一转眼就是晚上八九点了，因此孩子可以稍微睡得晚一点。秋冬时节，入夜早，人们夜间活动也相对较少，所以要让孩子早一点入睡。

当然，时间表的制定应因人而异，不能一概而论，需同时兼顾灵活性和可操作性。但总体上来说，时间表应该是详细而完备的，根据孩子的具体情况编制。早上几点起床洗漱，晚上几点阅读练字，都要罗列得清晰明了。

制定作息时间表相对容易，难的是父母的坚持和陪伴。在这

一方面，父母首先要和孩子一起努力坚持执行时间表，再逐步让孩子养成自律、自觉的行为习惯。

在现实生活中，一些父母帮助孩子制定了时间表后，发现没过多久就成为"废纸一张"，无法持续执行下去，这是什么原因呢？其实根本原因在于缺乏长期的坚持。一开始父母可能会督促孩子按照作息时间表休息学习，但过几天父母就会忘记，不再提醒孩子，孩子也就不继续坚持了。因此，坚持是关键，只有通过坚持，养成习惯，孩子才能更好地控制生活节奏，一步步提高自律性。

### ◎ 作息时间表的制定要灵活，视情况改变

有的父母在制定作息时间表时，过于强调休息的时间，比如，规定孩子晚上必须八点之前睡觉，早上也要在七点左右起床。对于学龄前的儿童来说，这样去规定孩子的作息时间，基本可行，因为这一阶段的孩子，正是长个子的时候，需要的睡眠时间相对较长。但当孩子进入中小学后，作息时间就应当稍微调整一下，晚上可以适当晚睡一会儿，与孩子的生物钟和学习节奏保持一致。

# 让孩子在规定时间内完成任务

一天之中，除去睡觉、吃饭外，真正让孩子自由支配的时间并不多，所以在合理分配时间的基础上，想要让孩子提高有效时间利用率，自觉养成良好的时间管理习惯，就得要求他们一定要在规定的时间内高效地完成手头的事情。

## 孩子的有效时间利用率为什么这么低

有效时间利用率对于孩子的学习成长有着重要的

助推作用，如果孩子能够按照合理的安排，在规定的时间内完成一定的任务，他们将会有更多的时间去做其他事情，这样孩子们每天的生活、学习都会被安排得有条不紊，最终形成一个良性循环的局面，这也是每个父母都期望看到的结果。

然而现实的情况是，一些孩子总是"不配合"，缺乏自觉意识，无论父母如何催促他们，交代给他们的任务就是迟迟完成不了，还总是一副无所谓的样子，让人又气又怒，大动肝火。

孩子为什么达不到父母所期望的那种良好状态呢？我们可以从下面轩轩的案例中找到想要的答案。

轩轩进入小学后，各方面表现都不错，但是，他缺乏时间观念，爸爸妈妈给他布置的任务，很少能按时完成。

比如，妈妈告诉他要在半个小时内完成练字，不要耽误吃晚饭。可是轩轩听了，却是左耳朵进，右耳朵出，他先是不紧不慢地掏出文具，仅仅是选择一支好用的铅笔，他就花费了两三分钟。

好不容易开始练字了，但是写了不到一行，轩轩又借口肚子疼，跑到卫生间转一圈，五六分钟的时间又过去了。

妈妈见状，批评了他几句，轩轩倒是认认真真练了两三分钟，不过很快又故态复萌，不是嚷嚷着口渴了，就是抱怨铅笔不好用，又或者是摆弄桌子上的玩具，最后到了吃饭时间，一页纸才写了不到半页。

面对妈妈的指责，轩轩倒不以为意，回答说半个小时的时间不够用，吃完晚饭后再写，反正时间还有大把。

真的是时间不够用吗？肯定不是。如果轩轩拿出认真对待的态度，也许十几分钟就能圆满完成手头的任务，然而他各种拖延磨蹭，这样下去，即使再给他一个小时，估计依旧完不成。

从轩轩的身上可以看出，孩子在规定的时间内完不成任务，主要由以下两个原因引起。

一是时间观念意识不强，不知道珍惜宝贵的时间，总认为来日方长，现在耽误一点时间没关系。所以很多时候，他们表面上看似在忙忙碌碌，也总是强调时间不够用，事实上根本就没有将有限的精力用到"正事"上，反而做了很多和中心任务无关的事情，在糊里糊涂中，将大把大把的时间白白浪费掉了。

二是自控力差，专注力不够。以轩轩为例，练字时就应该专心练字，练字是当下最为重要的任务，要一心一意投入其中不受干扰。但他没有较强的自控力，不是嚷嚷着口渴，就是被桌子上的玩具吸引，因此才一直游离在写和玩的边缘，很难真正进入练字的状态。

生活中，一些孩子和轩轩的表现很相似，做事情的时候，动不动就分心、走神，专注力不够，自然就很难专心致志地投入进去，在规定的时间内完不成任务也就不足为奇了。

## 巧用妙招，让孩子做到心无旁骛

父母想要让孩子从被动到自觉，积极高效地完成任务，养成良好的时间管理习惯，不妨参考以下几个小妙招。

### ◎ 从强化时间观念入手，让孩子明白时间的宝贵

孩子受年龄、阅历等因素的制约，对时间缺乏直观的认识，没有紧迫感，总认为今天耽搁了没什么大不了的，反正还有无数个明天，有充裕的时间可供使用。

作为父母，一定要让孩子意识到时间"一去不复返"的特性，了解时间宝贵的价值。正如《明日歌》中所写的那样："明日复明日，明日何其多。我生待明日，万事成蹉跎。"

有些父母的做法就非常值得借鉴，他们会特意买一个计时器，如番茄钟，或者是和孩子一起动手，制作一个简单的沙漏，培养孩子的时间观念。

父母可以陪孩子观察番茄钟上的指针一分一秒地滴答走动和沙漏里的沙子随着时间的流逝越漏越多，并向孩子讲解有关珍惜时间的小故事，让孩子意识到如果现在不懂得珍惜时间，在有限

的时间里不自觉、不自律、不懂得珍惜与努力，将来留给自己的只能是无尽的遗憾和后悔。

## ◎ 提升孩子的专注力，为他们创造"无干扰"的空间环境

孩子在做事情的时候，因为心性不定、专注力弱，很容易被外界的事物干扰。因此当要求孩子全神贯注地投入时，要尽量给他们创造安静和不受干扰的环境。

比如，在孩子练字、绘画、弹琴时，将手机、玩具、小零食等与学习任务无关的东西统统收走，确保孩子专心致志地沉浸在任务中。另外，在孩子专心练字、绘画、弹琴的时候，其他人轻易不要打扰孩子，以免让孩子分心。

## ◎ 讲究劳逸结合，告诉孩子做事时认认真真，玩耍时痛痛快快

父母在给孩子布置任务时，首先要科学规划作息时间。

以学习为例，让孩子在规定的时间内完成学习任务。孩子会感觉很枯燥，他们在写作业时，大脑一不注意就会溜号，想着一会儿怎么去玩。而分心走神的后果，一定是学也没学进去，玩也没玩痛快。

首先，洞悉了孩子贪玩的心理，父母就要明确地告诉孩子，做作业时一定要专心致志，做完后就可以去痛痛快快地玩。比如，学习二十分钟后，可以允许孩子休息十分钟，做到劳逸结合、张弛有度。在劳逸结合中，孩子有了一个放松娱乐的时间，这样他们的头脑会更清醒，重新学习时，注意力也就能更集中了，效果也更好。

其次，可以提前和孩子约定好，在做任务的过程中，要有一定的忍耐性，静下心来，一心一意将事情做好，哪怕是肚子饿了、口渴了，也要等休息时再去吃东西、喝水。这样做，也许一开始比较难以坚持，但只要咬牙坚持下去并形成习惯，孩子的自律性就能够得到极大的提高。

## 先做重要的事，教孩子学会取舍

在父母给孩子设置的时间管理训练中，很重要的一项内容是要教会孩子取与舍，遵循"先急后缓""抓大放小"的法则，先从最重要的事情做起，有条不紊，忙而不乱，这样才能事半功倍。

### 眉毛胡子一把抓要不得

战国时期，有一次孟子和弟子谈话，弟子询问孟子说："老师，我感觉每天都有许多事情要做，但这么

多事情，我应该先从哪一件入手呢？"

面对弟子的疑惑，孟子笑着回答说："这个并不难，选择最为重要的事情去做就对了，切记不要面面俱到！"

这段对话，也是成语"当务之急"的典故由来。孟子在这里告诉了世人一个直观明白的道理：即便手头的事情有很多，也一定要先去做最为重要的事情，处理好了"当务之急"，其他事情便也能更加从容地完成了。

对于孩子来说，他们在做事的时候，由于脑海里的时间概念不是太清晰，因此也常常会犯"面面俱到"的错误，做事不分轻重缓急，眉毛胡子一把抓，忙忙碌碌了大半天，最后回头查看，却发现自己一件事情都没有做好。

航航就是这样一个典型的例子。

星期天的晚上，爸爸想起早上临出门时提醒过航航要背周一学校晨会的演讲稿，于是他把航航叫过来，让航航当着他面背一下演讲稿，看看记住了没有。结果，航航只能记住个开头，剩下的内容都没法脱稿。一整天的时间完全够用，但是航航都干了些什么呢？

面对爸爸的质问，航航却振振有词地解释说："爸爸，这也不怪我，今天的事情实在是太多了。上午我要帮妈妈取快递，去同学家拿回他借我的玩具，顺带出去跑了一会儿步。下午发现鱼缸里的水该换了，换水又耽误了我半天的时间，如果不是因为有这么多杂事，演讲稿我早就背完了。"

爸爸听了哭笑不得，航航说自己事情太多，这也要做，那也要做，看似一整天忙个不停，做事也挺主动自觉，却因为不明白轻重缓急的道理，结果把重要的事情给耽误了。

航航的故事当然不是个例。生活中，很多孩子都会犯像航航这样的错误，做事时不懂得取舍，没有一个好的时间规划，全凭一时兴起，想起什么做什么。

有时候一件事情干了一半，又忽然去做另外一件事情，或者在不重要的事情上花费太多的时间，就这样东一榔头、西一棒槌，重要的事情没做好不说，还白白浪费了大量的宝贵时间和精力。

## 请告诉孩子：要事为先，善于取舍

一天之中，需要完成的事情有很多，在有限的精力下，想要把每一件事情都圆圆满满完成是很难的，父母需要告诉孩子的是，任何时候都要以"要事为先，善于取舍"为原则。

简单地说，所谓的要事为先，善于取舍，指的是孩子需要从时间管理的角度出发，将一天之中需要完成的事情按照轻重缓急分为几类。为了让孩子能够更好地理解，父母可以陪孩子玩一个小游戏，在纸上罗列出一天中需要做的事情，然后引导他们一一分类：眼前最为重要和紧迫的事情是什么？虽然不是太紧迫，不过非常重要的事情有哪些？最后剩下的，是不是就是那些不重要也不是太紧迫的琐事、杂事呢？

这样一来，孩子就会深有体会，明白重要事情和琐事的区别。这时父母还要告诉孩子，重要且紧急的事情，必须放在第一位，将绝大部分精力都放到这些事情上面，这就是"要事为先"原则的体现。

在具体的时间分配上，孩子也应当有所取舍，体现高效率。比如，遇到重要且紧急的事情，其他事情都可以放一放，一切都为紧急重要的事情让路，而且在具体完成时，要不拖延、不磨蹭，争取在最短的时间内高效完成。

对待不是那么急迫却非常重要的事情，在时间的分配上，孩子可适当给予倾斜，可以多在这件事情上面花费一些时间，将事情做好、做完美。

以上两类事情做完了，剩余的时间，便可以分配给那些日常的琐事、杂事了。有时间就做一做，实在没时间，也可以往后推一推，或者也可以利用自己的碎片时间抽空完成。

在树立"要事为先"的时间管理理念时，需要注意的是，首先孩子要能明确区分事情究竟重不重要，是不是必须在第一时间完成。一件事情的重要和紧急程度，要结合实际情况具体分析。比如，明天就要参加舞蹈比赛了，今天就要把练习和准备工作放在第一位，这才是当下最为重要的事情，提前安排好了，到时就不会手忙脚乱了。

其次是不要在无意义的事情上浪费时间，不值得。有这样一些孩子，做完了重要的事情后，一下子就会放飞自我，将剩余的宝贵时间大量浪费在很多没有什么意义的事情上面，比如，玩手机、打游戏等，一玩就是大半天。

手机和游戏不是不可以玩，但要适可而止，不可过度沉迷。其实，在空闲时间完全可以去做一些其他有趣的事情，如参加打球、跑步等体育运动，既锻炼了身体，增强了体魄，还能在劳逸结合中让身心愉悦轻松，何乐而不为呢？

事实上，让孩子学会高效管理时间，就是要让孩子学会在有限的时间内去做最有价值的事情，充分地利用时间，让生活更有规律、更有意义。

# 注重点滴，引导孩子利用好碎片时间

日常生活中，如果稍微留意的话，就会发现碎片时间无处不在，如开饭前的等候，乘坐公交、地铁等交通工具出行的过程，等等。引导孩子重视并合理地利用碎片时间，从点滴做起，无疑能进一步提升孩子的时间管理意识和自律意识。

## "聚沙成塔"，碎片时间并非一无是处

时间的重要性不言而喻，分分秒秒都不可轻易

浪费。明白时间宝贵、懂得时间管理的孩子，也将更加自律、自觉。

一些父母在引导孩子开展时间管理训练时，往往会陷入这样一个误区：告诉孩子必须加倍珍惜时间，用好大段时间里的每一分每一秒，然而对于碎片时间则不以为意，认为碎片时间少则一两分钟，多则十来分钟而已，没有多大的意义，任由它从孩子的指缝间悄然溜走。

难道碎片时间真的一无是处吗？当然不是。一分钟或几分钟的碎片时间，虽然看似是短短的一瞬，转眼即逝，但如果加以合理利用，也会呈现出令人意想不到的神奇效果。就以一分钟的碎片时间为例，我们不妨来看一看一分钟时间能够做多少事情。

一分钟，可以背诵一到两个单词。

一分钟，也能够读完一首诗词。

一分钟，还可以给孩子讲一个简短有意义的故事。

这还只是一分钟而已，如果爸爸妈妈能够引导孩子巧妙利用几分钟甚至是十几分钟的碎片时间，一天下来积少成多，聚沙成塔，孩子是不是会在无形中多出一个小时甚至更多的时间呢？

北宋时期，一代文豪欧阳修能够在文坛上做出一番大的成就，除了自身具有极高的文学天赋外，善于合理利用碎片时间也是一个非常重要的因素。

平日里，欧阳修需要将大部分的精力用在处理公务上，这样就导致他读书写作的时间不够用。为了解决这一难题，欧阳修就从碎片时间里"想办法"。无论是外出骑马坐轿，还是入睡前的休闲时刻，甚至是上厕所的工夫，都被欧阳修拿来为自己所用。用欧阳修的话语来说，就是"余平生所作文章，多在三上，乃马上、枕上、厕上也"。

就这样，在日复一日的坚持下，一点点的碎片时间被欧阳修利用到了极致，这也使得他能够在繁忙的工作之余，依然能够创作出大量优秀文学作品。

综合来看，碎片时间的重要性具体如下。

首先，能够提高孩子做事情的效率。

孩子合理地利用碎片时间，将多出来的一小时或更多时间用在学习或其他有意义的事情上，天长日久地累积下去，能让其受益无穷。另外，当孩子在做一件事情时，提前利用碎片时间做好准备工作，无疑能节省时间，提高效率，足以事半功倍。

其次，能够更好地培养孩子的自律性。

孩子在充分利用碎片时间的基础上，尝到了碎片时间的"甜头"，当习惯成了自然之后，就会自觉、主动地将碎片时间拿来为己所用，这对于提升孩子的自律性有着莫大的益处。

## 碎片时间，重在合理利用

对于碎片时间，孩子往往缺乏主动合理运用的意识，这就需要父母做好引导工作，帮助孩子认识碎片时间，将其"变废为宝"。其中，有这样几个方面需要爸爸妈妈明白如何去做。

### ◎ 帮助孩子梳理每天的碎片时间，让孩子对这些碎片时间有清晰的认识

一天之中所有零碎的、不完整的时间都可以归为"碎片时间"。具体到孩子身上，他们一天中的碎片时间大致可以分为这样几个大的阶段：清早起床洗漱后到准备出门前；午饭和晚饭前的一小段等待期；临睡前的空闲时光以及其他一些碎片时间段。

### ◎ 告诉孩子，不同的碎片时间有不同的妙用

不同阶段的碎片时间，利用的方式也不一样。对于大多数孩子来说，清早睡醒之后，精神饱满，大脑思路清晰，这时可以将

这一阶段的碎片时间拿来朗读或背诵；而午饭或晚饭前的碎片时间，不妨练一页字，画一张画，多以动手为宜，让忙碌运转的大脑在书画的练习中得到一定程度的休息。

而晚上临睡前的碎片时间，可以让孩子听一些舒缓的音乐或有趣的故事，帮助孩子尽快入睡；除此之外，父母也可以和孩子谈谈心，聊聊天，培养和谐的亲子关系。

## ◎ 注重张弛有度，不要逼孩子将所有的碎片时间都用来学习

有些父母意识到碎片时间的重要性后，恨不得让孩子把所有的碎片时间利用起来用在学习上，逼着孩子不停地背单词、背诗词、做题等。显然，父母的这种引导理念是错误的，要知道碎片时间虽然可以用在学习上，却不能无缝隙地、过多地"占用"孩子的碎片时间，否则反而会适得其反。

正确的做法是以"张弛有度"为法则，既要合理利用碎片时间，又应适当让孩子在一些碎片时间段得到休息，如听一听音乐、看一会儿动画片、进行一些适度的体育锻炼、做一做眼保健操等。

还有一些碎片时间，孩子也可以拿来进行学习前的准备工作，如收拾文具、整理课本笔记等。在这个时间段内，孩子将各类琐碎的小问题都处理完了，等到正式学习开始后，他们自然就能很

快地进入真正的学习状态中去。

### ◎ 贵在坚持，养成良好的时间管理习惯

任何事情都离不开"坚持"这两个字。也许在最初，孩子不是太适应碎片时间，甚至认为是一种负担，但越是这样，父母就越要告诉孩子，别放弃，一定要努力坚持，只有天长日久地坚持下去，才能聚沙成塔，积土为山，生活和学习都能因此取得可喜的进步。

# 陪伴孩子，坚持时间管理

孩子的自律、独立等优秀品质的形成，和他们良好的时间管理能力密不可分。然而想要帮助孩子养成科学的时间管理习惯，并非一朝一夕的事情，需要父母在日常生活中多陪伴、多鼓励、多指导。久久为功，让孩子卓越的时间管理能力成为他们可以享用一生的财富。

## 时间管理，离不开父母和孩子的共同努力

"少壮不努力，老大徒伤悲。""合理地安排时间，

其实就是最大限度地节约时间。"生活中，通过古往今来有关时间的哲理名言，大多数爸爸妈妈都能够认识到时间的重要性和宝贵性，也都能意识到时间管理训练宜早不宜迟，越早帮助孩子进行此类训练越有助于孩子树立良好的时间管理意识。

但在具体实施时，一些父母的思想却陷入了误区。在他们的眼中，时间管理训练是孩子自己的事情，和父母没有太大的关系，只需要告诉孩子如何做就行了，至于做得好不好，能不能长久地坚持下去，全在于孩子自身意志力的高低。

于是，这样的父母总以工作忙、身体累、没时间为借口，完全让自己置身事外，缺乏对孩子时间管理训练的陪伴和监督。

尧尧的爸爸就是这样的一个典型例子。

尧尧上了小学后，爸爸心血来潮，也参照着其他父母的做法，给尧尧制订了一份详细的时间管理计划，还和尧尧约定，他会充当尧尧时间管理的监督员。

前几天还好，爸爸每天都坚持陪伴尧尧，早上和尧尧早早起床，晚饭后，也会抽出时间和尧尧一起外出散步。

不过没坚持多长时间，爸爸便没了兴趣，于是就以这一段时间工作忙为理由，逃避自己应当肩负的陪伴和监督责任。

失去了爸爸的督促，尧尧也慢慢放松了对自我的约束，变得贪玩起来，那份贴在墙上的时间管理计划就这样被遗忘在脑后，再也无人过问了。

孩子年龄小，玩心重，也缺乏自我约束力，所以在对孩子开展时间管理训练时，少不了父母的参与和督促，双方共同努力，才能让制订的时间管理计划得到良好的贯彻与执行。

当然，在陪同孩子进行时间管理时，需要父母付出一定的精力和时间，在最初的起步、磨合过程中，需要双方都拿出足够的耐心坚持下去。

尤其是父母，作为监督者和啦啦队员，付出的甚至要比孩子还多，千万不能单纯地认为时间管理是孩子自己的事情，父母也应当以身作则，发挥榜样示范效应，以自己的行为去影响和带动孩子，一直等到孩子习惯成自然，在时间管理上从消极被动到主动自觉，彻彻底底适应了才能算是大功告成。

## 这样做，陪伴孩子坚持时间管理

制订时间管理计划，和孩子一起参与时间管理训练，在这一过程中，除了必要的陪伴和坚持外，相应的方式、方法和技巧也不可少。好的技巧，能让孩子更好地投入自身的时间管理训练，变得更自律、更优秀。

### ◎ 时间管理计划要做到张弛有度

制订了时间管理计划后，自然要督促孩子严格按照计划的内容严格执行。比如，在规定的时间内应当完成某项任务，孩子努力遵守，父母严格要求，时间管理训练才能逐步见效。

不过在严格之外，也应体现出适度和有弹性的特点，也就是在原则性之外，还要有适当的灵活和变通。

比如，孩子在完成某项任务时，遇到了突发情况，耽搁了任务完成的时间，父母看到后，可以和孩子一起分析原因，共同寻找可以补救的办法，这样做，孩子会更有动力去坚持。

反过来，如果不知变通，发现孩子在规定的时间内完不成任务，就不分青红皂白地批评他们，自然会引发孩子强烈的抵触情绪与逆反心理。

### ◎ 提醒孩子时语气要委婉

学会时间管理，本质上是让孩子学会更好地进行自我管理，以逐步提高在生活或学习方面的自觉性与自律性。

在陪同孩子一起开展时间管理时，如果孩子出现不守时的情况，父母可以适当地去催促、提醒，但是语气一定要柔和委婉。

比如，到了孩子练字的时间，孩子却依旧在津津有味地看动画片，父母也不要太过着急，不妨委婉地去提醒他们："五分钟以后就是练字的时间了，好孩子都是提前做好准备的。"

总之，父母要做好提醒和监督工作，提醒时语气应尽量委婉、柔和一些，这样孩子会更容易接受，更能真正地听到心里去。

在训练时，有时遇到孩子坚持不下去的情况，父母也可以适当去激励他们。比如，和孩子承诺，表现好的话，星期天带他去看一场电影等，让孩子有动力持之以恒地坚持下去。

◎ **适时地赞美和肯定**

督促孩子严格遵守时间管理计划，在严格要求之外，还要有赞美、欣赏和肯定，激发孩子的自豪感和责任担当意识，促使他们更加积极地投入时间管理训练中去。

比如，孩子早上按时起床，坚持了一段时间后，父母就应当适时地送上赞美的话语："孩子你真棒，这一段时间你的自律和坚持，让爸爸妈妈看到了你的努力，你能说到做到，真是一个小小男子汉，我和爸爸都要为你点赞。"

陪伴孩子坚持时间管理训练时，对孩子通过努力取得的任何一点点进步，父母不仅要看在眼里，还要去及时肯定孩子身上发生的点滴变化，去发现他们身上值得肯定的闪光点，让孩子在尊重、肯定中持续获得继续努力下去的力量。

# 第四章

# 建立规则，帮孩子自觉养成好习惯

没有规矩不成方圆。规则的建立，对端正人们的行为方式起到了重要的规范性作用。对于孩子来说更是如此，他们身上所表现出来的良好行为习惯，和家庭内部制定的相应规则之间有着密切的关系。在一定规则的约束下，再通过父母合理的教育与引导，孩子便会在自觉意识的驱动下，一步步养成高度自律的生活方式，越长大越优秀。但好习惯的养成，并不是一朝一夕就能完成的，需要一个长期坚持的过程，唯有持之以恒，才能在"风雨之后见彩虹"。

# 和孩子一起制定规则

在一些父母眼中，所谓的规则，无非就是为了给孩子立规矩，让孩子变得老实乖巧。也有一些父母担心给孩子立规则会扼杀孩子自由的天性。其实这两种想法都存在误区。

制定规则，是为了让孩子能够及早养成自律、自觉的行为习惯，在确保安全的环境下自在地成长。

## 孩子的自律，从制定规则开始

生活中，自律、自觉的孩子往往表现得更为优秀和上进，也让父母更加省心省力。那么孩子自律的良好行为习惯从哪里来的呢？天生就自律的孩子少之又少，大部分的孩子都需要依赖规则的约束。

这天，豆豆的妈妈带豆豆去朋友家做客。对方家里也有一个名叫素素的孩子，年纪和豆豆相仿。

来到朋友家里后，通过简单的交谈观察，豆豆妈妈很快就发现了素素身上一些"与众不同"的地方。素素不仅是一个特别懂事的孩子，为人处世落落大方，她的房间也非常整洁有序，日常生活用品摆放得整整齐齐，这让豆豆妈妈连连赞叹。

豆豆妈妈向素素妈妈请教后才知道，原来在素素两三岁的时候，素素妈妈就很注重培养孩子的规则意识，这样一路教育下来，素素越来越自律，像个懂事的"小大人"一样。

素素妈妈的话让豆豆妈妈恍然大悟，她也由此明白在教育和引导孩子的问题上，必要的规则不可少。

其实，孩子大多自控力差，做事随心所欲，想要培养他们好的行为习惯和品质，需要一定规则的约束，否则等到孩子养成自由散漫的坏习惯，再去督促其改正就非常困难了。

除此之外，父母还要明白的是，规则和自由并不冲突。在规则允许的范围内，孩子可以随意发挥他们自由的天性，这个问题无须担心。换句话说，教育孩子可以鼓励他们思想独立自由，但绝不能让孩子的行为不受控制，缺乏有效的约束，这样孩子的人身安全得不到保证不说，他们也会因此成为大家眼中不受欢迎的坏孩子。

## 规则的制定，离不开孩子的参与

懂规则的孩子更自律。但规则的制定不是父母单方面的事情，很多时候，父母单方面制定的规则，因为不切合实际，忽略了孩子内心真实的想法，因此实际执行起来的效果自然也不尽如人意，所以父母不妨请孩子参与进来，共同制定规则。

首先，孩子参与制定规则，更有利于他们理解规则、自觉遵守规则。

孩子是执行规则的对象和主体，如果父母在制定规则时，也让孩子参与进来，坐下来一起商讨，给孩子讲解规则的意义，听取孩子内心的真实想法，能让规则更完善，并且所制定的规则得到了孩子的认同和理解，孩子会更好地遵守。

比如，孩子喜欢玩水，可如果在家里客厅玩，将水洒得哪里都是，这样肯定不行。那么如何照顾孩子的感受，让孩子服从规则的要求呢？

这时父母就可以和孩子友好协商，告诉孩子家里是不能随意玩水的，不过在适当的时候，允许孩子在卫生间的澡盆里玩，但玩水之后，还要做好清洁工作，不然以后就取消在卫生间玩水的资格。

通过这样的平等协商，既照顾了孩子的心理需求，又能让规则得到良好的遵守，不失为两全其美的做法。

其次，孩子参与制定规则，积极主动性会更高，内驱力更强。

一些父母在制定规则时，往往忽视了孩子的实际情况，过于拔高规则的要求，一旦超出了孩子能力水平的范围，规则制定得再详细也无济于事。

比如，要求孩子早一点起床，养成良好的作息习惯，这本无可厚非，但有些父母却要求孩子六点左右就要起床，认为起得越早越好，这显然是不太合理的。

孩子的起床时间要考虑到他们平时的睡眠时间以及上学时间，确保早睡早起，视具体情况而定，因此在制定规则时，应让孩子也参与进来。父母只有在充分征求他们意见的基础上，才能制定更科学、更符合实际的规则要求。

除了让孩子积极参与外，在制定规则时，父母还应把握这样几个原则。

一是坚守底线不放松。规则的制定，需要和孩子平等协商，多倾听他们的心声，不合理的地方可结合实际情况加以修改，让规则具有可操作性。

但有一些规则，诸如涉及孩子的人身安全、思想品德等方面的内容，一定要守住底线不妥协、不放松，让孩子明白这是"禁区"，一丝一毫也不能违反。

二是规则内容要细化，越具体越好，让孩子能明明白白地知道如何去做。

孩子年龄小，理解力也相对弱一些，所以制定的规则应当详细完备，细节清楚，一目了然。

比如，要求孩子讲卫生，如果要求太笼统、太空洞，孩子可能依旧不明白如何去做。因此在这一规则下面，可以有一个详细、具体的补充，告诉他们在日常生活中要勤换衣服多洗澡、个人用品摆放规整有序。有了清晰明确的规则要求，自然有利于孩子认认真真地去严格遵守。

# 父母要把握好严管和放养的边界

在对孩子的教育方式上，是严格管教好还是放养好呢？父母采取哪一种教育方式更容易培养出自律的孩子呢？事实上，这两种教育方式各有利弊。作为父母，应当在严管与放养中找准平衡点，这样才能帮助孩子健康地成长。

## 严管还是放养

在孩子的教育问题上，有些父母态度鲜明，认为

只有严格管教孩子，才能让孩子在良性的轨道上健康成长，成为国家和社会的栋梁之材。一旦稍有疏忽或放松，孩子脱离了父母的监管，就有可能走上错误的道路。

也有一些父母赞同放养的教育模式，他们认为要给孩子充分的自由、足够的成长空间，让孩子的天性得到全面的释放。如果太过严格管教，会让孩子承受外界无形的重压，进而导致他们出现各种心理问题，如叛逆、厌学等。

从表面上看，赞同严格管教和自由放养的父母似乎都有充足的理由来证明自己教育孩子的方式没有错。然而仔细分析就会发现，无论是严厉的管教还是给孩子全面的自由，其实各有利弊和优劣，不能一概而论。正确的做法，是将两者都控制在一个合理的度之内，一旦超越了一定的范围，就会犯过犹不及的错误。

我们先来看严格管教的好处和弊端。严管的好处是显而易见的，生活中那些赞同严管的父母，在教育子女的时候非常用心，他们看到孩子身上的种种不良行为习惯时，会毫不留情地提出批评，督促孩子尽快改正，促使他们向着自律的方向发展。为了避免孩子走弯路，他们还会以过来人的身份教育孩子，让他们不犯或少犯错误。

但在另一方面，严管也存在着不少弊端。如果父母对孩子太过严厉，期望值过高，处处严密注视着孩子的一举一动，孩子缺乏自由成长的空间，内心往往承受着巨大的心理压力，因为害怕犯错误被父母指责惩罚，慢慢会变得胆小懦弱、缺少主见，依赖性非常强。

更有甚者，有时候父母太过严厉，干涉孩子的一切，时间长了，可能会引发孩子严重的逆反心理，造成亲子关系出现深深的裂痕。

严管既有好处，也有弊端。同样，放养的教育模式也同时存在着利与弊。

放养的好处，是尊重孩子的天性，相信孩子的自律和自觉，让他们在人生成长道路上能够获得充分的自由，父母不去过多地干涉，而是把选择和规划人生发展的权利几乎全部交到孩子的手中，任由他们在未来人生的画卷上涂抹绚烂的色彩。

所以我们去观察那些被赋予了充分自由的孩子，会发现他们中的大多数快乐满足、阳光自信、自觉意识和责任感都比较强。对于自己喜欢的事情，他们也有十足的动力去努力追求，不达目的誓不罢休。

当然，放养的教育模式也并非没有任何的缺点。父母一旦没有把握好放养的节奏和力度，变成了纵容和放任，孩子就会变得以自我为中心、自私任性、随心所欲、听不进别人的一点意见和建议。

还有一些孩子，父母原本希望通过放养的方式，增强他们的自觉意识，但小小年纪的他们，本就自控能力差，再加上思维、情绪都不是太成熟，一旦脱离了父母的监管，就犹如脱缰的野马，行为会越发散漫自由，遇事冲动，任意妄为，到最后变得难以管教。

## 别着急，在严管和放养之间找到一个平衡点

其实，过度的严管和放养都是错误的，都不利于孩子的健康成长，也很难让孩子在恰如其分的教养下养成自觉、自律的良好品质。明智的做法是，父母要在严管和放养之间，寻找一个绝佳的平衡点，兼顾两者的优势和益处。

### ◎ 掌握因材施教的原则

孔子早在两千多年前就提出了因材施教的观点。因此，针对不同的人，教育方式也应灵活多样，不能一成不变。

孩子也是如此。不同的孩子性格特征不同，优缺点不一样，因此，究竟是严管还是放养，需要结合每一个孩子自身的情况来确定。

　　有些孩子性格文静，有较强的自觉意识，做事也非常积极主动，无须父母过多地催促，对于这一类型的孩子，那就可以采取适度放养式教育，父母只需帮他们把握住大的方向就行了。

　　反过来，孩子倘若天性调皮活泼，自律性差，那么在教育方式上，就要向严格管教多多倾斜，避免孩子肆意妄为，养成自私自利的性格。

### ◎　具体问题具体分析，软硬兼施、灵活运用

　　无论是严管还是放养，都不要偏执一端，要将两者交替结合，灵活运用，做到软硬兼施，才是最好的教育方式。不能说对孩子严管，就一直采取严厉的管教方式，而是应该有硬的一面，也有柔和的另一面。

　　比如，孩子这段时间学习成绩下滑了，父母是不是需要向孩子施加压力，狠狠地批评他们呢？答案是否定的，因为这样做很容易导致孩子产生逆反心理，正确的方法是要具体问题具体分析，查找孩子成绩下滑背后的深层次原因。

　　如果孩子成绩下滑是贪玩懒惰造成的，那就给予批评教育；如果孩子是因为心理压力大，紧张焦虑导致成绩下滑，父母就要去及时安慰、开导孩子，疏导孩子身上的不良情绪；如果孩子平时学习非常认真，只是偶尔一次的发挥失利，这时就要以鼓励为

主，告诉孩子一两次失败算不了什么。

　　总之，父母要采取灵活的教育方式，该严厉时严厉，需要柔和时就温柔以待，一切以培养孩子自律、自觉的行为习惯为中心，陪伴、帮助孩子健康快乐地成长。

# 惩罚与奖励都要严格执行

想要引导孩子健康成长，惩罚和奖励都必不可少。定下的规则要严格执行，立下的规矩也必须不折不扣地遵守，唯有如此，孩子才能在规则的指引下，自觉养成良好的行为习惯。

## 奖励要一诺千金，惩罚要"铁石心肠"

生活中，为了激励和约束孩子，父母们常常会在教育孩子时立下很多奖惩规矩：这一段时间乖巧懂事，

表现良好，要表扬；学习上取得了长足的进步，也可以给孩子一定的奖励。

反过来，孩子犯了错误，父母也会制定相应的惩罚措施，督促他们尽快改正过来。因此，无论是奖还是罚，目的只有一个，就是希望孩子在正确的教育引导下，养成自律上进、自觉自立的好品质。

但问题是，一些父母虽然意识到了奖罚对于孩子健康成长的重要促进作用，还为此制定了名目繁多的奖惩标准，不过在实际的执行过程中却打了很多折扣。

思涵是一个比较调皮顽劣的孩子，天不怕地不怕，常常犯错误惹祸。为了有效地约束他，妈妈定了许多惩罚的小规矩，告诉他犯了错就要受到相应的惩罚。

不过妈妈总是"雷声大，雨点小"，每一次思涵犯了错，妈妈想要去惩罚他的时候，总是又想到孩子还小，以后能改，没必要和小孩子较真，于是心一软，便高举轻放，轻描淡写地批评几句草草结束。

时间长了，思涵也摸透了妈妈的脾性，知道无论自己怎么闹腾，妈妈也总能迁就他。在这种错误的思想引导下，思涵变得越来越任性霸道，犯错误更是家常便饭。

显而易见，孩子的自律自觉，离不开必要的奖与罚。同时，坚持原则非常重要，既然已经定下了奖惩的标准、细则，在要求孩子遵守的同时，父母也应坚持原则、严格执行。

所以说，无论是奖励还是惩罚，都不是口头上说说那么简单随意，必须落实到实处，真真正正地去执行与兑现，做到坚持原则、遵守规定。

孔子的弟子曾参，就曾遇到过这种情况。有一次，曾参的妻子外出，孩子哭着闹着也要跟着去，为了让孩子乖乖地待在家里，妻子便对孩子许诺说，如果他听话，她回来后会把家里的肥猪杀了给他吃。

孩子听了，破涕为笑。妻子回来后，刚进家门，就看到丈夫曾参正准备将猪杀掉，她赶忙上前阻拦，解释说自己不过是为了哄哄孩子罢了，怎么能当真呢？

曾参却告诉妻子，教育孩子一定要言而有信，说到做到，不然以后还怎么在孩子面前树立威信呢？曾参的一番话，让妻子哑口无言，只得同意将猪杀了给孩子吃。

曾参杀猪的故事，给天下父母树立了一个很好的榜样，在教育子女的时候，一定要言出必行，一诺千金，该给的奖励不打折扣，该惩罚的时候也要铁面无私，绝不心慈手软。

## 奖励和惩罚孩子，还需注意这几点

在具体执行时，父母除了要做到一诺千金、坚持原则，还需要注意以下几个方面。

### ◎ 重奖轻罚

教育孩子，主要依靠循循善诱的引导和潜移默化的影响，惩罚虽然也有一定成效，但绝不能将其放在第一位，而应多赞美、多表扬、多肯定。

当孩子犯了错误，要和孩子一起分析犯错的原因。如果是孩子故意为之，就必须严肃地给予批评教育，督促孩子尽快改正错误；反过来，如果孩子是无心之失，或者是受好奇心、探索欲望的支配，在勇敢尝试时不小心犯了错误，就应鼓励和安慰孩子，让孩子保持勇于探索和敢于迎接挑战的精神。

### ◎ 避免不当的惩罚和奖励

奖励和惩罚是必要的，但是父母需要注意的是，在具体实施的时候，应当注意场合和地点。比如，孩子犯了错，在大庭广众下，父母脾气上来了，不顾及孩子的自尊心，上来就惩罚孩子，这样的做法显然是不对的。

另外，奖励和惩罚要明明白白按照规则来，不能随心所欲。有些父母常常犯的错误是，他们心情好的时候，看到孩子表现不错，就大手一挥给予奖励；心情不好时，孩子表现再优秀，他们也视而不见。这种"忽冷忽热"的奖与惩，不仅起不到激励或鞭策孩子的效果，反而会适得其反。

## ◎ 全家立场一致

奖励孩子时，爸爸妈妈的立场要一致，不能妈妈说要兑现奖励，爸爸反对；惩罚孩子时也是如此，父母包括爷爷奶奶在内，大人们不能相互拆台，亲归亲，爱归爱，但当孩子犯了错误需要接受惩罚时，绝不能护短。

# 父母要以身作则，成为孩子的榜样

"耳闻之不如目见之"富含哲理。在陪伴孩子成长的过程中，想要让他们守规矩、遵规则，做到自律于心、自觉于行，父母就应以身作则，言必行，行必果，这样做无疑是对孩子最好的教育示范。

## 孩子不守规矩？父母应先检讨

孩子的启蒙教育从家庭开始，父母是孩子的第一任老师，也是孩子人生成长道路上最好的老师。

其中的原因不难理解，从孩子呱呱坠地，父母便和孩子朝夕相处，在孩子的启蒙教育阶段父母的一言一行、一举一动，更是在潜移默化中影响着孩子人生观和价值观的形成。

从这个意义上说，一个家庭内部教育的好与坏，直接关系到孩子品行和素养的高与低。孩子的自律能力和自觉意识，在很大程度上和父母的言传身教有着密切的联系。

在一处公园的游乐设施前，孩子们都在有序地排队等候。这时，一个小男孩不耐烦地用手使劲儿地摇晃着附近的栏杆，摇了几下没有效果，他又用脚狠狠地踢栏杆。

男孩粗鲁的动作引起了大家的反感，人们纷纷将目光投向了男孩的身后，因为他的爸爸妈妈就挨着他。但是这个男孩的父母对于周围人投来的异样目光却无动于衷，丝毫没有制止的意思。

看到父母默许的态度，男孩更得意了，他一边狠狠地蹬着栏杆，一边大呼小叫。前面放行的闸门刚一打开，男孩便叫喊着催促自己的爸爸妈妈抢先登上了游乐设施。

在公共场合，男孩表现出如此不文明、不礼貌的行为，仅仅是他自身的原因吗？显然不是。这个男孩不懂礼貌、不守规矩，和他父母平日里的言行教导分不开，或者说，问题的根源就在男孩的爸爸妈妈身上。

父母是孩子最好的榜样，以身作则，才能教育出品行好、自律性强的孩子。就像上面案例中的男孩一样，如果他的不礼貌行为能够得到父母的及时制止，相信他也能够做到知错能改，在公共场合不再犯类似的错误。然而父母的默许和放纵，无形中助长了男孩肆意妄为的蛮横气焰，他不仅不知悔改，反而还变本加厉，放大自己的错误行为。长此以往，这个男孩最终会变成什么样子也就可想而知了。

生活中，很多"问题孩子"的养成，不都是因为这样一些原因吗？父母起不到一个良好的榜样作用，孩子自然也会有样学样、不讲规矩、藐视规则、散漫自由、无法无天，在他们身上，丝毫看不到自律和自觉的影子。

## 自己做到了，才有资格去要求孩子

父母都希望自己的孩子自律上进，成长为一名阳光自信的青少年。然而当我们对孩子抱以巨大的期望时，是否先审视过自身了呢？给孩子承诺的事情没有兑现，立下种种规矩，不让孩子这样或那样，而自己却带头违反，做不到以身作则，孩子自然也不会把规则放在眼里。

为了让女儿养成自律的良好行为习惯，楠楠的爸爸给女儿立下了很多的规则，比如，吃饭的时候不要高声说话，晚上少看电视、少玩游戏，做到早睡早起等。

但是楠楠爸爸自己是怎么做的呢？晚上下班一回到家中，他就躺倒在沙发上，拿起手机刷个不停，一直到开饭的时候，还依旧不愿放下手机。晚饭过后，楠楠妈妈想要楠楠爸爸陪她一起打扫卫生，楠楠爸爸却露出一脸不情愿的样子，表示自己很累，过一会儿再说，然后一头扎进书房里，又打开了电脑，沉浸在了游戏的世界里。

看到爸爸这样，楠楠也放松了对自己的要求。妈妈让她早点睡觉，楠楠却不理会妈妈的催促，实在是催急了，她反而振振有词地反击说："你看爸爸都不睡，为什么偏偏要求我？晚睡一会儿没关系的。"

直到此时，妈妈才发现了问题的症结，原来爸爸成了女儿的"反面榜样"，首先破坏规则的是爸爸，因此女儿也就跟着有样学样了。

不难看出，在陪伴子女成长的过程中，父母言行举止的影响力实在是太大了，父母只有以身作则，言出必行，才能成为孩子眼中值得学习效仿的好榜样。反过来，自己做不到，却想要严格地去要求孩子，显然是难以成功的。

想要成为孩子的榜样，父母应当从这样两个方面去要求自己。

首先，要以身作则，充当孩子学习效仿的"参照物"。

父母的一言一行，是孩子言行举止的"参照物"。在高素质家庭环境下成长起来的孩子，接人待物大多也彬彬有礼、落落大方，在学习和生活中更是自律优秀。这一切，自然都是受父母言传身教影响的结果。

试想，如果父母言语粗鲁，在公共场合大声喧哗，垃圾随手乱扔，所有这些不文明的行为都被跟在身后的孩子看在眼里，在耳濡目染下，这种"不言而教"的强大暗示力量，往往也会将孩子给带坏了。

其次，要以身示教，凡是要求孩子的方面，父母先要带头做到。

"己所不欲，勿施于人。"简简单单的话语里，却蕴含着深刻的道理。为人父母，自己都做不到，又如何要求孩子做到呢？

所以想要成为孩子的好榜样，父母一定要秉持"以身示教"的原则，守规则先从自己开始，要求孩子前先去要求自己，承诺给孩子的事情也一定要说话算数。做到了这样几点，就无须长篇大论地在孩子面前苦口婆心地说教了，孩子自然会在爸爸妈妈的示范引导下，自觉养成良好的行为习惯。

# 让孩子学会对自己负责

　　在陪伴孩子成长的过程中，父母需要明白的是，自己只能陪孩子一时，不能陪孩子一世，如果事事替孩子包办，孩子永远都"长不大"。正确的做法，就是在规则的指引下，让孩子养成自律的习惯，学会对自己负责，学会独立成长。

## 成长，是孩子自己的事情

　　孩子的成长，是父母的责任还是孩子自己的事情

呢？不可否认，孩子的健康成长，离不开大人的教育和引导。然而在本质上，在孩子逐渐长大的过程中，想要真正地自觉独立、顺利融入社会集体中去，关键还要靠孩子自己，要靠孩子自身的自觉与努力。

换句话说，成长，是孩子自己的事情，外界的因素包括父母在内，只能起到一个引导、促进和辅助的作用。

不过一些父母并没有意识到这一点，他们将所有的爱都倾注到孩子身上，就如护崽的老母鸡一般，张开羽翼，试图去庇护孩子的一生。

辰辰的妈妈和同事聊天时，谈到孩子的教育问题不由得大倒苦水。她说辰辰已经是一个十来岁的大孩子了，可是在日常生活中却极度缺乏自觉性，什么事情都需要大人在后面督促着才行，学习也不用心，一点自觉意识也没有。

同事听后，笑着对辰辰妈妈说："其实我家的蕊蕊以前也是这个样子，没有自觉意识，什么事情都指望大人帮她完成。后来我下定决心，必须改变思想，从培养孩子的责任心入手，促使她尽快独立成长。"

"培养孩子的责任心？"辰辰妈妈的脸上露出了若有所思的表情。

"对，孩子长不大，其实就是因为他们缺乏自觉意识，父母也没有给他们定下严格的规则，使他们存在着严重依赖父母的思想，这样怎么能够真正地自觉自立、长大成熟呢？所以一定要让孩子学会自己对自己负责，要让孩子明白，在人生成长的路途上主要靠自己。"

同事的一席话，让辰辰妈妈恍然大悟，也很快意识到自己的错误。

生活中，也有很多父母曾像辰辰妈妈这样，因为溺爱孩子，不愿给他们定规则。结果就是父母无处不在，任劳任怨地帮助孩子处理各种琐事。

倘若孩子还是两三岁，这样做还可以理解，明明都是大孩子了，依然不愿意让孩子学会自我独立，不重视让孩子树立自觉意识，发展到最后，孩子会误以为他们的人生应当全部由父母负责，父母必须帮他们包办打理一切，尽心尽责到底，不然就是父母的错。

事实上，孩子的人生成长，归根结底是孩子自己的事情，能否成为一个优秀自律、努力上进的青少年，关键在于他们自己。如果父母将所有的事情都帮着孩子完成了，孩子也就会失去自己探索、尝试的兴趣，渐渐地连最简单的家务都不会，自理和独立都做不到，又何谈成熟长大呢？

## 让孩子学会对自己负责，父母应当这样去做

孩子的人生成长，主要靠他们自己，应该学会自己对自己负

责。那么在这个过程中，父母又该如何去做，才能尽快让孩子自律、自觉起来呢？

### ◎ 涉及孩子的事情，尽量让他们自己做决定

在一些父母眼中，孩子年纪小，离不开父母的帮助，其实这是一种错误的家庭教育观念。孩子年龄小是事实，不过他们也有自己的主观认知和选择能力，父母不应无视孩子的意见，处处替孩子做决定，而应当将决定权交到孩子手上，从小事入手，一步步培养孩子的主见和独立意识。

### ◎ 树立规则意识，培养孩子的责任感，自己的错自己承担

责任感，是人们具有自觉性和担当意识的表现。让孩子对自己负责，也需要父母树立规则意识，给孩子划定清晰的责任范围，让孩子明白哪些事该自己处理，不断地去引导和培养孩子的责任感。

比如，孩子在和其他小朋友玩耍的时候，将对方的玩具不小心给弄坏了。这个时候，父母不要出于爱护孩子的心理，由大人出面解决问题，而是应当积极地鼓励孩子，让他们去勇敢地面对。

比如，鼓励孩子去道歉认错，这其实就是在培养孩子的责任感和担当意识，也让他们认识到自己犯的错必须由自己去处理，自己要对自己负责。久而久之，孩子在遇到问题的时候，自然会开动脑筋多思考，不再为自己的错误寻找借口，而是能积极地想办法去解决问题，毕竟后果由他们自己承担，他们要为自己的行为负责。

在陪伴孩子长大的过程中，父母扮演好"协助者"和"支持者"的角色就足够了，孩子人生路途中的酸甜苦辣与风风雨雨，应由孩子亲自去品尝，亲自去面对。

# 第五章

# 激发动力，让孩子主动学习

在学习上，为什么有些孩子会出现不自觉、不自律、爱拖延的行为呢？其中的原因，就在于他们缺乏学习的动力，意识不到学习的价值和意义，因此在没有足够内驱力的支撑下，渐渐丧失了学习的兴趣，当一天和尚撞一天钟，浑浑噩噩没有长进。所以说，想要让孩子把被动学习转变为积极主动学习，全方位地激发孩子的学习动力是关键。也就是帮助孩子树立明确的学习动机，让孩子品尝到学习的乐趣，不断地增强自信心，自觉为实现远大的理想而刻苦努力地学习。

# 主动学习与被动学习的区别

明明在同一个班级中，由相同的老师授课，拥有同样的学习环境，为什么各个孩子的学习效果千差万别呢？显然，除了一定的智力因素外，孩子不同的学习态度是导致不同结果的重要因素。自觉性强、愿意主动学习的孩子往往成绩良好，表现亮眼；自觉性差、被动学习的孩子大多成绩糟糕，表现不尽如人意。

## 你家的孩子属于哪一种学习类型呢

孩子的学习是父母普遍关心的问题，通过学习掌

握一定的科学文化知识，孩子才能更好地适应社会，同时在为社会创造价值的基础上，实现自我的价值。

但如果要问，你家的孩子属于哪一种学习类型，是主动学习还是被动学习呢？也许有些父母会对这个问题感到迷茫。在他们的眼中，孩子按时上学、放学，布置的作业大多时候也能按时完成，似乎没有什么主动和被动的分别。

其实不然。日常生活中，仔细观察孩子的学习态度和学习效果便不难发现，不同的孩子，有自律性强、积极努力、主动学习的，也有自觉意识差、消极应对、被动学习的，父母一定要细心留意，才能发现自家孩子真实的学习状况。

前几天的家长会上，霖霖的妈妈收到了孩子班主任分发的一份调查问卷，上面罗列了孩子日常学习时的一些行为表现，让父母配合对照打分。

霖霖妈妈仔细看了一下，在调查问卷中，有这样几个要素项需要打分：你家的孩子平时学习时是否主动自觉，需不需要父母在一旁不断地监督催促呢？孩子在学习过程中的自制力如何，是持之以恒还是怕苦怕累？孩子的学习态度是否端正，是全身心投入还是三心二意？孩子最后的实际学习效果如何？等等。

每一个要素项的分值是 5—10 分不等，总分大于 80 分，孩子可以视作是主动学习类型的；低于 80 分，则说明孩子在学习的态度和效率上还有待调整和提高。

霖霖妈妈也非常想知道自家孩子的学习状态究竟如何，于是她一边对照，一边认真打分，最后综合得分刚刚 60 分。按照调查问卷的得分说明，霖霖属于被动型学习的孩子。

从这份调查问卷中不难看出，孩子的学习态度大致分为主动和被动两大类。学习时需要父母不停催着、盯着；作业完成得不及时，爱拖延；专心学习坚持不了几分钟就开始分心，不是说学习累了，就是偷偷地玩游戏……孩子在学习时的这些行为表现，都说明孩子自觉性差，属于被动学习状态。

## 主动学习，孩子的人生蓝图才更加绚烂

明白了孩子属于哪种学习类型后，父母还需要进一步了解主动学习和被动学习的实质性区别。

其一，学习效率不同。

主动学习的孩子，学习效率非常高，他们在同样时间内，对知识点的吸收和掌握程度远远超过被动学习的孩子。

因此，观察那些主动学习的孩子就会发现，他们学习起来很轻松，能够花费较少的时间，取得更大、更好的学习效果。

其二，自觉程度不同。

主动学习的孩子，自觉性强，他们常常将学习当作一件快乐的事情来对待，肯开动脑筋，无须父母花费太多的精力和心思，总是能以积极饱满的学习劲头儿投入学习中去。

由此可知，主动学习的孩子，能够自主发现学习的快乐，不把学习当作苦差事，能够自觉主动地去学习。而被动学习的孩子，则需要父母不断地督促，在学习中显得很被动，对待学习任务的态度消极，能懒则懒，能拖则拖。

其三，学习目标和内驱力不同。

主动学习的孩子，明白学习的目标是"为我学"，并且能在"为我学"的目标激励下，进一步发展为"我愿学""我能学""我会学"，学习的内驱力充足，渴望学习的意愿强烈。

反观被动学习的孩子，学习的态度是"要我学"，在父母的催促下，他们不得不学，不过大多数时候以敷衍应付为主，把学习当作任务来完成。因为不爱学习，不愿学习，平日里他们为了逃避学习而费尽心思，学习的内驱力不足，将学习视作折磨。

其四，梦想和追求不同。

主动学习的孩子，内心往往有着远大的理想追求，他们主动学习是为了实现自我价值和创造社会价值，让人生更充实和更有意义，因此学习时能够做到努力上进、自觉自主。

被动学习的孩子，浑浑噩噩，不清楚学习的真正意义是什么，当一天和尚撞一天钟，糊里糊涂完成学业就算是"大功告成"了。

其五，性格发展方向不同。

主动学习的孩子，在学习上遇到困难的时候不会被吓倒，反而会激发他们攻克难关的勇气和信心，从而主动寻找问题、解决问题，困难压不倒他们，反而会使得他们愈挫愈强。这一学习类型的孩子，会在一次次主动迎难而上的过程中养成自信阳光、从容镇定的良好性格，他们在成人之后，也更能适应社会发展的需要。

反过来，被动学习的孩子，看到难题就会产生畏难情绪，害怕失败，缺乏直面挫折的胆识和智慧。久而久之，这一学习类型的孩子，容易变得做事畏首畏尾，心理敏感脆弱，抗压能力弱，耐挫力差。

通过对主动学习和被动学习的区别对比可知，主动学习的孩子，学习效率高，自律性比较强，对学习过程中的知识点的接受度和领悟力也比较高，学习效果更加显著。

如果进一步延伸，积极主动地学习，勇于克服学习过程中的种种难题，更有利于孩子良好品行的塑造，这些优良的品行让孩子受益终身，这也才是主动学习更为重要的意义。

尤其是在当今这个竞争激烈的时代，孩子的学习态度更需要从被动转为主动，从"要我学"变成"我会学"。当他们将主动学习看作终身的事业时，他们才能得到更好的成长，才能拥有更加美好的未来。

# 寻找梦想，让孩子拥有学习的内驱力

内驱力，也就是一个人做事的内在动力。孩子在学习上具有内驱力，会更加自律积极，主动学习。而内驱力产生的基础，在于孩子能够树立远大梦想。

## 梦想是孩子学习内驱力的来源

现实生活中，一些父母总是羡慕"别人家的孩子"，夸奖他们乖巧懂事，学习努力上进，拿自家的孩子一对比，简直是天壤之别。

难道学习好的孩子，都是别人家的吗？自家的孩子就真的不爱学习吗？其实不是。很多孩子之所以爱学习，是因为他们从很小的时候就开始树立远大的梦想，他们明白人生的真正价值是什么，也正是因为有了梦想作为支点，他们学习的内驱力才被全面激发出来了。

东晋时期，朝廷偏安一隅，无数有识之士为此扼腕叹息。当时有一个名叫祖逖的人，从少年时期就暗暗立下远大的志向，一定要成为一名优秀的将领，带领东晋士兵北伐收复中原。

为此祖逖勤奋学习，刻苦练习剑术。每天一大早，当雄鸡发出嘹亮的报晓声时，祖逖就从睡梦中醒来，提着宝剑来到屋外勤学苦练，无论寒暑都能持之以恒，坚持不懈，这也是"闻鸡起舞"这一历史典故的由来。

最终，在梦想的指引下，祖逖很快成长为一名文武全才的优秀将领，他率领东晋大军多次北伐，在中国历史上留下了浓墨重彩的一笔。

由此可知，梦想对于人生的发展具有重要的推动作用，有梦想的人都非常了不起。也许梦想很遥远，在实现梦想的过程中要经历无数的风风雨雨，但当一个人的脑海里有了梦想后，他前行的道路上也就有了清晰可见的目标，内心也将因此热情似火，充满奋斗的动力。

对于孩子来说也是如此。如果没有梦想，学习对于他们而言就成了一种沉重的负担，枯燥乏味，不知道为什么而学，不明白学习的真正意义是什么，对未来人生的发展规划更是一无所知，懵懵懂懂，由此学习也就失去了强大的动力支持。

我们去观察那些热爱学习的孩子，他们无一例外都有着自己清晰的梦想追求。有些孩子希望长大后能够成为科学家，为国家的科技发展作贡献；有些孩子渴望自己能够成为学有专长的医生，在医疗阵线上救死扶伤；还有些孩子梦想成为优秀的军人，立志保家卫国……

这些大大小小的梦想在他们内心深处生长、发芽，从一颗小小的种子，最终成长为一棵参天大树，让梦想照进现实。

梦想是内驱力的源泉。有梦想的孩子，会在远大目标的激励下，全面激发内驱力，面对学习以及学习上遇到的各种困难，不退缩，不放弃，勇于接受挑战，始终保持着高度的自律，忘我而勤奋地持续学习，越学习越快乐，越投入越优秀。

## 激发孩子的梦想并不难

从梦想和内驱力的内在联系上看，一个人的梦想和他内在的动力之间，是一个辩证统一的关系。梦想会催发人的内驱力，内驱力也会以梦想为支点，为梦想的实现提供强大的奋斗动力。

因此，父母不要抱怨自己的孩子不聪明，也不要埋怨孩子对学习提不起兴趣，其实在很多时候，孩子之所以出现厌学和畏难的情绪，是因为缺乏父母合理的引导，没能点燃孩子梦想的火苗。

喆喆聪明活泼，但学习时总是心不在焉、缺乏动力。

为了激发喆喆的学习兴趣，爸爸问喆喆："儿子，爸爸能知道你的梦想是什么吗？"

"我的梦想是要成为一位伟大的建筑师。"喆喆认真地回答。

爸爸接着说："那你知道怎样才能成为一名建筑师吗？当一名建筑师，必须有大量的知识储备，仅仅会绘画设计图纸还不够，还需要精通外语、物理学、力学、工程学等各门学科，不好好学习肯定不行。当然了，爸爸相信只要你端正了学习态度，就一定能梦想成真。"

听了爸爸的话，聪明的喆喆很快明白了爸爸的一片良苦用心。从此之后，每当喆喆学习时想要偷懒，爸爸就会开玩笑地激励他："我的小建筑师，你可要坚持呀，将来爸爸还想住上你亲手设计的高楼大厦呢！"

就这样，为了实现自己建筑师的梦想，在爸爸的不断引导和激励下，喆喆的学习态度越来越端正了。后来他考大学时报了建筑专业，经过多年的努力打拼，如今已经是业内小有名气的建筑师。

案例中的喆喆爸爸，显然非常善于激励和引导孩子，他采取的是循循善诱、因势利导的办法，从孩子的心愿和志趣出发，然后上升到人生的目标追求，从而不断强化孩子学习的自主性和主动性，这也令喆喆有了充足的内驱力去保持对学习的热爱。

当然，点燃孩子梦想的方法不止如此，还有很多种方法值得父母们学习效仿。

首先，让孩子多阅读名人传记，令孩子找到榜样，以此激发孩子的梦想与内驱力。

阅读这些名人传记，可以让孩子看到古往今来优秀的科学家、政治家、文学家等是如何一步步实现人生梦想的，从中汲取丰富的精神力量。

同时在阅读后，孩子还会明白这样的一个道理：没有人生来就是伟大的，每一个平凡的人只要有梦想，只要能持之以恒地坚持下去，就有机会接近梦想、实现梦想，他的人生也会因此精彩无限。

其次，带孩子参观博物馆、名人故居，一边游览、一边讲解。

在条件允许的情况下，多抽出时间带孩子去博物馆、名人故居等地方参观游览，在游玩的过程中，重点和孩子讲解那些名人背后不平凡的故事，在潜移默化的教育中，引导孩子产生"我想要成为什么样的人"的想法，以此来栽培孩子的"梦想之树"。

最后，在现实中引导孩子，给他们树立一个直观具体的学习榜样。

榜样的力量无疑是巨大的，但很多时候，如果榜样太过遥远空泛，孩子可能无法有切身的体会，这时父母就应当从生活实际入手，从身边给孩子找到一个可供学习的榜样。比如，学校里学识渊博的老师，身边才艺出众的大哥哥、大姐姐等，告诉孩子要以他们为学习榜样，一步步激发孩子内在的自驱力。

# 培养爱好，帮孩子找到学习的乐趣

孔子有云："知之者不如好之者，好之者不如乐之者。"父母想要让孩子主动学习，就要想办法培养孩子的学习兴趣，这样一来，学习在孩子的眼中就不再枯燥无味，反而充满了乐趣，孩子会沉浸其中，乐此不疲，好学不倦。

## 孩子有兴趣才更爱学习

对于孩子来说，当他们面对学习时，学习的态度

无外乎这样三种。

一是感觉学习是一件非常痛苦的事情，需要动脑筋、费心力，又苦又累，出于这样的心态，他们自然会逃避学习。

二是觉得学习令人感到乏味枯燥，没有什么乐趣，每天读书练字，不过是为了学而学，或者是学给大人看，因此，他们会采取各种偷懒拖延的办法来应付父母的检查，从不会积极主动地去学。

三是爱学习，学习让他们感受到了无穷的快乐，每攻克一道难题，都能让他们从中获得满足与成就感，由此爱上学习，将学习当成一种乐趣。

显然，在这三种学习态度中，父母更希望孩子能够拥有第三种学习态度，爱学、乐学、肯学，将学习当作一件快乐的事情来对待，而不是逃避学习、厌恶学习。

但如何能够让孩子爱上学习呢？其中的关键就在于要培养孩子的兴趣，让他们找到学习的无穷乐趣。

古时候，在一个夏日的晚上，一个小男孩正依偎在奶奶的身旁，只见他仰着头，正努力地数着夜空中的星星。

奶奶看到孙子认真的样子，就劝说他别费事了，天上星星那么多，怎么能数得清呢？

小男孩却认为夜空中的星星虽然有很多，不过每颗星星之间都存在着一定的距离，他相信只要细心认真就能数得清。

爷爷看到小男孩对星星这么感兴趣，便也走了过来，给他讲述有关星星的知识，还把北斗七星指给小男孩看。

"北斗七星加上北极星，真的像一把勺子呢！"小男孩更兴奋了，璀璨的夜空在他眼里是那么的神奇有趣。

这个小男孩名叫张衡，是我国东汉时期著名的天文学家。小时候对星星的痴迷，促使他日后走上了天文研究的道路，并在这一领域做出了巨大的成就。

张衡的故事告诉我们，兴趣是孩子热爱学习的动力，在兴趣的驱使下，孩子内心会涌动强烈的求知欲望，这时学习在他们眼中不再是一份苦差事，反而有无穷的乐趣蕴含其中，等待着他们去挖掘、去发现。

正如伟大的物理学家爱因斯坦所说的那样："在这个世界上没有什么真正的天才，只有兴趣！"孩子的兴趣在什么地方，他的优势和天赋就在什么地方。

## 培养孩子兴趣爱好的几个小技巧

让孩子爱上学习，父母就应从培养他们的爱好入手，在具体做法上，有这样几个小技巧可供分享。

### ◎ 巧妙利用孩子的好奇心

孩子的好奇心非常旺盛，外界各种新鲜的事物总能激发他们探索求知的欲望，小嘴巴也总爱问个不停，非要弄清楚事情的真相才善罢甘休。

所以在学习上，父母就应抓住孩子好奇心强的这个特点，因势利导，让孩子由好奇转为热爱，以此来激发他们学习的兴趣。

铭铭爱动脑筋爱思考，看到新奇的事物，就会提出各种稀奇古怪的问题。在学习上，铭铭的爸爸就充分利用了儿子好奇心强的特点。

比如，春天的时候，爸爸买来了几株草莓种在了家里的花盆里，告诉铭铭要认真观察草莓开花、结果的全过程。铭铭仔细观察后，还专门写了一篇名为《我的一堂劳动实践课》的作文。由于亲身经历，观察仔细，再加上真情实感，铭铭的这篇作文成了班级的范文。

显然铭铭爸爸的做法很有借鉴意义，孩子有好奇心才有探索欲望，巧妙利用孩子的好奇心，给予科学的引导，便能让孩子寻找到学习的乐趣。

### ◎ 让孩子多亲近大自然，多方位培养孩子的兴趣爱好

学习怕什么？怕闭门造车，也怕死学苦学。一到节假日，有

些父母就把孩子关在家里面，想让孩子趁着假期多学一点，去努力追赶其他同学。

不知道这些父母是否想过，孩子在学校天天上课，好不容易有了一点空闲时间，还要逼着他们关起门来苦读死学，孩子怎么会不对学习产生厌倦心理呢？

正确的做法是，不如多带孩子去亲近大自然，多方位地去培养孩子的学习兴趣，让他们在劳逸结合中感受到学习的乐趣，变得主动爱学，而不是畏难逃避。

所以，在节假日时，不妨和孩子一起多出去走走，去图书馆坐一坐，进到博物馆看一看，也可以外出郊游旅行，带孩子领略丰富多彩的世界。

"读万卷书，行万里路。"将课本上抽象的理论知识和具体的观察实践紧密地结合在一起，生物、地理、历史等学科知识都能在现实中找到真实对应的例子，这样，在教会孩子热爱生活的同时，也能够让他们从中寻找到学习的快乐，渴望去探索、去获得更多的知识。

除此之外，父母也可以通过有趣的学习方式让孩子爱上学习。比如，和孩子一起开展成语接龙、比赛诗词背诵、玩桌游、比记忆力等。当孩子感受到掌握知识是一种巨大乐趣时，学习自然就成了一件令他们感到快乐的事情了。

# 积极进取，培养孩子的竞争意识

孩子缺乏自觉主动学习的动力，可能是因为他们身上缺少积极进取的拼搏精神，安于现状，不思进取。遇到这种情况，父母就要及时培养孩子的竞争意识，让他们重拾自信，勇于迎接挑战。

## 寻找孩子不思进取的原因

在孩子人生成长的过程中，拥有积极的上进心和强烈的竞争意识非常重要，这是因为竞争意识与上进

心是孩子强大自信心的体现，在这两者的共同驱使下，孩子才会主动进取、力争上游，从而在未来遇见更优秀的自己。

但问题是，并非所有的孩子都能明白积极进取的意义，还有一些孩子不思进取、安于现状，这里面有着怎样的原因呢？主要原因就是这些孩子太容易满足，刚取得了一些进步就停下努力的脚步，或者是滋生骄傲自满的情绪，丧失了积极进取的上进心。

实际上，孩子不思进取的原因除了安于现状外，还有一些其他的影响因素。

一是得不到肯定和鼓励。

孩子通过自己的努力，在学习上取得了一定的成绩，但在爸爸妈妈眼里，这点进步并不值得表扬，这就大大挫伤了孩子的学习积极性，时间久了，他们自然就会心灰意懒，失去进取心。想要让孩子保持昂扬的斗志，就要经常给予孩子肯定和鼓励，尤其在孩子取得进步的时候，更要及时送上赞扬，激发他们持续向上的奋斗动力。

另外，有一些孩子的心态不是太稳定，心理素质差。他们虽然也渴望努力上进，去和身边的同学积极竞争，但如果遭遇挫折，父母又没有及时给予正确疏导的话，他们就会一蹶不振，不敢再面对新的挑战。

二是缺乏对未来的规划和目标。

孩子玩心重、自律性差，可能是因为缺乏对未来的规划和目标，导致他们缺乏竞争意识和前进的动力，习惯了当前的状态，浑浑噩噩，没有明确的奋斗目标。

三是父母过度保护。

有些父母出于爱护孩子的心理，学习怕孩子累着了，探索新鲜事物担心孩子受到伤害，做家务又怕弄脏了孩子，就这样，他们把孩子牢牢地"拴在自己的身边"，久而久之，再有上进心的孩子也会在父母的过度保护下丧失积极进取的锐气。

## 巧用"鲶鱼效应"，培养孩子的竞争意识

在管理学上，有一个著名的"鲶鱼效应"理论，这一理论来源于挪威渔夫的生产实践。

最初，被当地的渔夫从海中捕获上岸的沙丁鱼在运输过程中经常因为缺氧死去。后来，为了在运输中确保沙丁鱼的存活率，渔民们便会在捕捞的鱼群中放入几条活泼好动的鲶鱼。这些鲶鱼在沙丁鱼群中游来挤去，追着沙丁鱼游动活跃起来，水中的氧气得到循环补充，大量的沙丁鱼就能存活下来了。

"鲶鱼效应"理论告诉人们，有竞争才有无穷的活力。孩子也是如此，如果他们的身上缺乏积极向上的竞争意识，那么他们在学习生活中，也就会失去主动自觉的追求精神，变得甘于平庸、安于现状。

明白了"鲶鱼效应"理论背后蕴藏的道理，在实际生活中，父母不妨从这样几个方面着手，逐步激发和培养孩子的竞争意识，令孩子成长为高度自律、勇于拼搏、积极进取的人。

### ◎ 让孩子明白竞争的意义

一谈到竞争，很多孩子的心理上会产生巨大的压力，其中的原因，就在于他们没能搞清楚竞争的本质意义，没能正确地形成对自我的认知。

事实上，父母要告诉孩子，竞争是一种自我超越，是激发自我潜能、证明自我能力的一种好的手段。正如俗语所说的那样："不逼自己一把，就不会知道自己是多么的优秀。"没有人是天生平庸和落后的，只有通过不断的竞争和超越，才能将自己身上隐藏的闪光点挖掘出来，证明自己绝不比别人差。

如果孩子还是不太能理解竞争的意义，父母可以以自身的经历向孩子进一步详细讲解竞争的真正意义，鲜活的例子会让孩子有更直观的深刻体会。

另一方面，当孩子在竞争面前产生压力时，父母也要及时去鼓励和引导孩子，告诉他们一定要化压力为动力，"吃得苦中苦，方为人上人"。

即使遇到暂时的挫折，也不要放在心上，要积极地适应调整，沉淀积累，厚积薄发，用时间来证明自己。

◎ **帮助孩子制定学习目标**

在孩子的学习过程中，目标的制定和设立也非常关键。没有清晰合理的目标指引，孩子就不会有明确的学习方向，也就会缺乏充沛的学习动力。

因此父母需要和孩子一起交流沟通，在征求他们意见的基础上，合理设立短期、中期、长期不同阶段的学习目标，通过明确的目标的指引，激发孩子积极进取的竞争意识。

◎ **鼓励孩子多参加一些竞赛类活动，以实践锻炼的方式来锤炼他们**

孩子不敢竞争，不愿竞争，很大程度上是因为他们缺乏自信心，实践锻炼少。所以，在学习之外，父母要结合孩子自身的特长，多鼓励他们参加舞蹈、篮球、围棋、书法等竞赛类活动，培养孩子勇夺第一、敢于竞争的进取意识。

当然，父母还要让孩子在树立竞争意识的同时，懂得团结合作的道理，学会正确地看待竞争。重要的是参与竞争、勇于竞争，至于最后的结果，无论是输是赢都不要太在意。竞争的目的是树立自我坚定的上进心，让自己变得更自律、更坚韧，而不是变成一个只在乎输赢的人。

# 激发动力，培养孩子主动学习的意愿

孩子在学习上为什么做不到自觉和自律呢？不是拖延就是偷懒，总是想方设法逃避学习，如果父母不催促，他们也从来不会积极主动地投入学习中去。其中最主要的原因，就在于孩子缺乏学习的动力。动力不足，学习的意愿自然也没有那么强烈。

## 有动力，孩子才有强烈的学习意愿

孩子缺乏强烈的学习意愿，很大一部分原因在于

他们自身学习的动力不足。这就像是一台精密的机器一样，如果引擎不给力，再精巧的机器也发挥不出它应有的功用与动能。

战国时期，有一个名叫苏秦的人，他为了能够读懂、读透《太公阴符》，每天晚上都要读书读到很晚。

有时候学习累了打瞌睡怎么办？苏秦就想出了一个办法，他用锋利的锥子扎自己的大腿，在强烈的痛感下，就又能继续打起精神，发奋读书。

无独有偶，东汉时期，也有一个名叫孙敬的人，他的人生理想是希望能够成为一位大学问家，为此他也和苏秦一样，每天读书到半夜三更。

为了防止自己学习时犯困，孙敬别出心裁，找来一根绳子，绳子的一头系在房梁上，另一头系在他的头发上，于是当他读书累了垂下脑袋打瞌睡时，绳子就会牵扯头发传来痛感，孙敬就又能继续振奋精神读书了。

苏秦和孙敬的故事，就是"锥刺股，头悬梁"这一历史典故的由来。在中国古代，有着强烈学习意愿的历史人物不止他们两个，像车胤"囊萤夜读"、匡衡"凿壁偷光"、吕蒙发奋苦读"士别三日，当刮目相看"等典故，无一不是古人在充足学习动力支撑下刻苦攻读的真实写照。

对于孩子而言，如果父母能够激发他们的学习动力，在强大内驱力的推动下，他们也会摆脱"学习困难症"的标签，成为主动自觉学习的好少年。

## 请唤醒孩子潜藏的学习动力

在孩子的学习问题上，父母需要明白的是，孩子并不是不爱学习，事实上很多孩子都很愿意接受新鲜、有趣的事物，也愿意接受挑战，并通过挑战来证明自己。他们之所以没有强烈的学习愿望，是因为父母还没有找到合适的方法来唤醒孩子身上潜藏着的无穷动力。

所以，当孩子表现出一些厌学情绪时，父母不要焦虑着急，也不要轻易放弃，更不能动不动就给孩子贴上"缺乏上进心"的标签，而是应当想方设法地挖掘孩子的学习动力。

### ◎ 学习强迫不来，不逼孩子做不喜欢的事情，将选择权交给孩子

面对孩子，有些父母会摆出一副高高在上的姿态，缺乏和孩子真诚的交流沟通，总是喜欢将自己的意愿强加到孩子的身上，

逼着孩子去做他们不喜欢做的事情，如此孩子怎么会有兴趣和动力去学习呢？

比如，有些父母担心孩子会输在起跑线上，除了嘱咐孩子在课堂上认真学习之外，把孩子的课余时间也安排得满满当当。可以说，很多孩子除了吃饭、睡觉外，几乎没有休闲的时间，心力憔悴，精神高度紧张，快乐的童年和他们无关，在这样的重压之下，将心比心，试想有几个孩子还能保持充沛的学习动力呢？

父母需要做的是将选择权交给孩子，和孩子充分沟通，尊重孩子的意见，在学习和休息之间寻找到一个合理的平衡点，让孩子有可以自由支配的时间，在快快乐乐的氛围中学，而不是被迫学习和应付学习。

## ◎ 让孩子有成就感

每个孩子的身上都有各自的闪光点，父母需要做的就是去发掘孩子身上的优点，鼓励他们将自身的优点展现出来，有成就感的孩子，自然就具备了强大的自信心，从而激发他们内在的学习动力。

比如，孩子在唱歌、跳舞方面有天赋，父母就应鼓励他们多去展示自己的才艺。孩子得到了众人的肯定，成就感有了，自信心也会油然而生。

### ◎ 对孩子多鼓励和赞美

孩子的学习动力也来自父母的赞美与赏识，有时候一个小小的鼓励，就会让他们信心百倍，动力无穷。

比如，孩子的成绩提高了，父母就要及时鼓励："孩子你真棒，有付出就会有收获，平时你的努力爸爸妈妈也看在眼里了，以后咱们继续努力，再接再厉，争取下一次取得更大的进步。"

孩子的每一次提高和进步，无论大小，父母都应恰如其分地去赞美他们，实事求是，不夸大，不吹捧，让孩子感觉"我能行"。

有时候孩子偶尔一两次成绩不理想，父母也应真诚地去安慰孩子，给孩子以温暖和继续前行的力量，切忌冷嘲热讽，那样会打击孩子学习的积极性。

最后还需要注意的是，在激发孩子内在学习动力的时候，不要动不动就把"别人家的孩子"挂在嘴边。

也许父母的初衷是好的，希望通过"激将"的方式来刺激孩子努力向上，但大多数孩子都反感父母把自己和别的孩子放在一起做比较，认为自尊心受到了伤害，常常因此厌恶学习，进而也会失去主动学习的意愿。

第六章

# 减少催促，
# 让孩子高效学习

如何让孩子高效学习，一直是无数父母最为关心的问题。当孩子迟迟进入不了学习状态时，一些父母常常会采用不停催促，甚至吼叫、指责等方式来督促孩子学习。然而，这些简单粗暴的管教方式所取得的实际效果却往往不尽如人意，用不了多长时间，父母就会发现越是催促，孩子抵触的情绪反而会越强烈。显然，如果方法和方式不对，结果就会南辕北辙。正确的做法是减少催促，找到孩子学习拖延的原因，然后"对症下药"，以求"药到病除"。

# 孩子学习被动的原因

"都几点了，你的作业还没有完成吗？就这一点作业，你准备磨蹭到什么时候？"

"坐在你身边看着你写还心不在焉，以后我不陪你写作业了！"

这样的场景可能对于很多父母来说都非常熟悉。每次写作业，看到孩子迟迟进入不了状态，父母真是又气又怒，催促次数多了，孩子还会产生抵触心理。其实，想要让孩子自觉高效学习，首先要找到孩子写作业慢的原因。

## 孩子写作业慢的常见原因

陪伴孩子写作业的过程中，不少父母往往大伤脑筋，倍感头疼。那么，孩子为什么会出现作业写得慢的情况呢？主要有以下几种原因。

### ◎ 学习成绩不佳，写作业吃力

这是很多孩子写作业慢的主要原因。课堂上的知识点没能完全掌握，因此在写作业时，这也不会，那也不会，咬着笔头思考了大半天，也不知道如何下手。原本一个小时就能完成的作业，他们或许要花费两三个小时才能勉强写完，而且还不能保证正确率，常常错误百出。

### ◎ 专注力差，难以进入写作业的状态

有一些孩子，一到写作业时，不是找不到笔了，就是橡皮弄

丢了，要么忘记作业本放在了什么地方。即使开始动笔写了，用不了多久，就又会自己给自己"找麻烦"，一会儿削笔，一会儿整理桌面，看似忙忙碌碌，但总是忙不到重点上，白白浪费很多时间。

## ◎ 追求完美，不允许出现瑕疵

有一部分孩子写作业慢，不是因为他们不会写、不愿写，原因在于他们属于"完美型人格"，对作业要求高，字体必须工工整整、端端正正，字面也要干净清爽，有任何不满意的地方，他们就要擦掉重写。这在无形中浪费了许多宝贵的时间，造成作业写得很慢，效率低下。

## ◎ 作业量大，额外任务多，故意拖延不去写

有些父母为了让孩子提高学习成绩，在学校布置的家庭作业之外，又给孩子安排了大量的额外任务。这样一来，孩子根本没有自己的自由支配时间了，心怀怨气的他们，就采取消极对抗的方式，故意不写作业或拖延写作业。渐渐地，孩子就会养成磨蹭、

拖延的坏习惯，即使是正常的作业任务也不能在规定的时间内完成了。

### ◎ 做作业条理性差，导致浪费时间

还有一些孩子之所以作业完成得慢，是因为他们的条理性不够好，写作业时没有合理的主次安排。比如，遇到难题的时候，非要和这道难题"硬刚"，最后难题没想出来，其他作业也迟迟不能完成。

正确的方法是先将容易完成的题目做完，然后集中精力攻克较难的题目，遵循从易到难的学习规律，这样就能充分利用时间，较快地完成学习任务。遇到实在攻克不了的难题，可以暂时搁置一边，之后寻求父母或老师的帮助解答。

## 不同孩子区别对待，找对方法是关键

作业写得慢，不同的孩子有不同的原因，想要改变孩子拖延、

磨蹭的坏习惯，就要具体问题具体分析，采取有针对性的教育措施。

### ◎ 面对学习成绩差的孩子，父母要保持耐心

孩子学习成绩差，跟不上课堂进度，导致他们写作业时的效率非常低。对此父母应当保持耐心，这时去批评、指责孩子是没有什么效果的，关键是引导孩子一步步地提高成绩。

父母首先要鼓励孩子别灰心，只要肯下功夫去努力，就一定会有进步。以背单词为例，哪怕每天背两个单词，日积月累下来，记住的词汇量就很可观了。脑海里记的单词多了，再去用心留意英语的语法，只要不放弃，一点一点地去攻克学习障碍，相信一定会学有所获。

### ◎ 面对条理性和专注力差的孩子，父母要给出解决的方法

学习条理性差的孩子，主要的问题在于分不清主次，大量的时间被消耗在了不重要的事情上面。对于这一类型的孩子，父母应当教会他们合理地安排时间，比如"磨刀不误砍柴工"，先把

准备工作做好，一旦正式开始写作业，就心无旁骛专心去写。

而自制力、专注力差的孩子，在日常生活中也非常常见。针对这一类型的孩子，父母可以从训练孩子的专注力入手，如陪孩子一起玩飞行棋、五子棋等棋类游戏或猜谜、字词接龙等益智小游戏，逐步引导孩子增强自控力，提升专注力。

### ◎ 面对过分追求完美的孩子，父母可有针对性地进行"速度提升"的训练

对于写作业追求完美的孩子，父母应先肯定他们认真的态度，然后有针对性地开展"速度提升"的训练。比如，孩子今天写完一页作业花了半个小时，明天就要求他们缩短一分钟，在这个过程中，也可以给孩子一些适当的物质奖励，让孩子尝到又快又好完成作业的"甜头"。

### ◎ 面对消极抵抗的孩子，父母也应从自身去反思原因

父母额外给孩子增加作业量，容易引发他们的逆反心理。为了避免这种情况出现，父母应适度地削减布置给孩子的课外学习

任务。学习固然重要，但也要张弛有度、寓教于乐，父母要给孩子自由支配的时间，允许他们有休息放松的时间，孩子心情愉快了，学习效率反而会提高。

# 父母的催促会增加孩子的压力

在学习过程中，面对孩子的各种拖延行为，一些父母的第一反应就是不断地催促孩子。殊不知，过多的催促会让孩子背上沉重的心理包袱，让孩子焦虑不堪，压力重重，就会适得其反。

## 催促的坏处都有哪些呢

生活中，父母急切地催促孩子的场景数不胜数。孩子动作慢要催，作业完不成也会催，总之一旦孩子

的行为表现达不到父母的预期，父母就不停地唠叨、催促。尤其是急性子的父母遇到慢性子的孩子，更是急得不行，认为不催孩子，孩子什么事情都干不成。

很多时候，因为一味催促，造成了父母和孩子之间的很多矛盾，影响到亲子关系的和谐。但说到催促孩子的行为，很多父母也感到委屈："其实我也不想催，不过孩子的动作确实太慢了，不催不行。"

父母需要明白的是，过度地催促孩子，会对孩子的身心造成各种伤害，具体表现在以下两个方面。

一方面，过多的催促容易让孩子产生焦虑不安的情绪。

在督促孩子学习的过程中，适当的催促对帮助孩子提高效率有着较好的作用。但催促次数过于频繁则适得其反，其实孩子非常想尽快完成学习任务，然而在父母的过度催促下，孩子的内心变得越来越焦躁不安，也就越来越难进入学习状态。

另一方面，催促容易打断孩子的思考进程。

孩子的学习成长，有这样一个规律：他们在汲取知识的时候，需要一面观察，一面思考，最后才是吸收和转化。

比如，孩子穿衣服时系扣子，需要手脑的协调配合，在初学时动作自然会慢一点；写作业也是如此，有时一道题可能要花费一些时间来思考才能有思路，如果在他们思考的过程中，被爸爸妈妈不断地催促，他们的思考进程就会被打断。

这样做，通常会导致两种后果。首先，人为地打断孩子的思考进程，让孩子不能集中精力思考，他们完成学习任务的进程自然会变得越来越慢。

其次，被父母反复催促的孩子，为了让父母满意，往往会心急火燎地草草结束思考进程，对待学习敷衍了事。所以我们会看到有这样的一些孩子，作业似乎完成得很快，不过效果并不好，原因就在于他们远离了思考，总是敷衍、应付，只求速战速决。

## 教育孩子急不得

频繁的催促、吼叫和指责，并不能有效促进孩子学习进步，面对行为动作慢、学习效率低的孩子，父母可以参考以下方法。

### ◎ 提前给孩子预留时间，并逐步培养孩子的时间意识

孩子动作慢，可以通过预留时间的方法来解决。比如，出门的时候，提前告诉孩子，给他们十分钟到二十分钟的准备时间。时间充裕，孩子就能从容不迫地做好准备工作，这样就减少了催促孩子的频率。

其实大多数孩子并不是故意磨蹭，只不过他们年纪还小，没有清晰的时间观念，对此，父母要注重培养孩子的时间意识，可将数字钟或可以手撕的台历放在他们的面前，通过这种直观形象的"时间流逝"紧迫感示范，让孩子的脑海里逐步形成清晰的时间观念，从而主动、自觉地投入学习状态。

◎ **用鼓励或激励性措施来代替催促**

人都有逆反心理，孩子更是如此，父母的催促、指责会严重打击他们的积极性，最后反而越催促，孩子越磨蹭，这是孩子在有意无意中，通过缓慢的动作对父母的言行表达无声的抗议。

明白了孩子逆反的心理，爸爸妈妈不妨换一种方式，当忍不住要催促孩子时，可以这样说："作业写完了吗？爸爸想和你下一盘棋，好几天没下了，咱们今天一起放松一下。"父母口气委婉，同时采取激励性措施，得到正面引导的孩子，自然会更积极地完成手头的学习任务。

◎ **适当让孩子承担拖延的后果**

父母催促多了，孩子可能会产生抵触情绪，这时父母也不妨放手，让孩子独自承受磨蹭的坏处。比如，早上上学，提醒过孩子后，就不要过多地去催促他们了，等真的迟到了，让孩子承担拖延的后果，他们自然会明白父母的良苦用心。

总之，教育孩子不要操之过急，要顺应孩子学习成长的规律。

# 减少干扰，为孩子创造安静的学习环境

　　想要提高孩子的学习效率，帮孩子养成自律的好习惯，父母就要为孩子创造安静的学习环境。在静谧的环境中，孩子才能心静神宁，全身心地投入学习和思考。

## 高效学习，离不开安静的环境

　　环境对于孩子的学习起到巨大的影响作用，在一个安静的环境中，不受外界干扰的孩子，专注力自然

会得到极大的提升，学习效率也将大幅提升。

关于外界环境和孩子学习之间的关系，早在两千多年前，孟子的母亲孟母就已经用她的行动做出了最好的诠释。

孟子出生后不久，父亲就去世了，他和母亲相依为命。一开始，母子俩住在坟墓群周边。贪玩的孟子一有时间就出门和小朋友们围着坟墓玩，还经常玩一些祭拜、哭丧的游戏。

孟母非常重视对儿子的教育，她看到这样的环境不适合孟子学习，就果断地带他搬到集市上居住。可是集市上叫卖声不断，吵吵闹闹的环境也非常影响孟子的学习，孟母看到后，就又带着孟子搬到了学宫的旁边。

这里环境安静，周围来往的也是一些懂礼节的读书人，孟子在这种文化氛围的熏陶下，也变得知书达理起来。孟母看到儿子的变化，心里面的一块石头也落地了，她明白自己终于找到了一处适合儿子学习的好地方。

"孟母三迁"的历史典故告诉我们，外界环境对一个人的学习成长起着非常重要的作用。安静的环境不只能让孩子很快地进入学习状态，提升专注力，还有利于提升孩子的记忆能力和深度思考的能力。身处吵闹喧嚣的环境，受到干扰的孩子自然就不能集中精力专心致志地学习。

## 创造好的学习环境，请做好这几点

舒适、温馨、安静的环境能帮助提升孩子的学习效率。那么，如何为孩子打造一个安安静静的学习小天地呢？这就需要父母和孩子一起努力，做好这样几个方面的工作。

### ◎ 给孩子提供完备的学习用具和专门的学习空间

好的学习环境离不开好的配套设施，如尺寸适宜的学习桌和学习椅、明亮的台灯、小闹钟等。如果条件允许的话，可以给孩子特意打造一间小小的书房，保持书房整洁、温馨，确保书房里不存在一些可能会分散孩子注意力的杂物。

### ◎ 当孩子学习时，要保持安静，减少干扰因素

想要为孩子创设安静、无干扰的学习环境，就要注意这两点：

第一，将手机、iPad 等电子设备拿到远离孩子视线的地方，以免孩子在认真写作业或进行课外阅读的时候难以集中注意力。

第二，在孩子开始学习时，应当减少噪音的干扰。有一些家庭的做法就非常不对，孩子明明在书房里学习，家人却将家里的电视机等媒体设备的音量开得很大，对于想要专心致志学习的孩子来说，过高的音量会让他们无法静下心来。

### ◎ 父母尽量不要去打扰孩子的学习

对于年龄较小的孩子，父母可在一旁陪伴学习，在孩子需要帮助时和孩子一起交流学习上遇到的问题，但也仅限于陪伴，当孩子投入学习时，陪在一旁的爸爸妈妈一定要保持安静，不玩手机不聊天，让孩子安静学习。

对于年龄较大的孩子，这时的他们能独立自主地去学，父母就要减少对他们的干扰，不刻意在孩子的房间来回走动，也不随意进出他们的房间，尽量保持安静，让孩子专心学习。

另外，弟弟妹妹的吵闹和打扰也可能会影响到孩子的学习，这时父母就要要求弟弟妹妹不要发出吵闹的声音，或者带他们出去散步玩耍，尽量多给孩子创造安静的学习环境。

　　平日里，爸爸妈妈也可以告诉孩子，可以在学习和休息、放松之间找到一个平衡点，学习的时候要投入、忘我地去学，感觉累了的时候，可以适当地娱乐放松一下，做到劳逸结合、松紧有度。

# 限定时间，提高孩子学习的效率

很多孩子对于时间的流逝不敏感，缺乏紧迫感，尤其在学习时，不经意间的拖延、磨蹭浪费了大量宝贵的时间，造成"出工不出活"的局面。面对这种情况，父母与其气急败坏地催促孩子，不如通过限定时间的方式去提高孩子的学习效率和自觉性。

## 给一个时间界限，让孩子学习有效率、做事不超时

孩子的学习效率为什么这么低？对此，许多父母

也感到困惑。有时候明明孩子学习已经非常努力了，学习态度也比较端正，但是考试成绩总是不尽如人意，问题究竟出在什么地方呢？一些父母通过观察后发现，最大的原因在于孩子缺乏"最后期限"意识，因此在学习、做事时总是不自觉地磨蹭、拖延。

想要改变这种情况，父母不妨采用"限定时间学习法"，让孩子学习有效率、做事不超时。

所谓"限定时间学习法"，指的是当孩子在进行一项学习任务时，父母要提前给孩子限定完成任务的时间，这能显著提高孩子的专注力和有效时间利用率。

淘淘进入小学后，和同班级的学生相比，他的学习效率一直比较低。淘淘的爸爸看到儿子这种状况也非常着急，琢磨一段时间后，他决定采用"限定时间学习法"，刻意培养淘淘的"最后期限"意识，以此提高淘淘学习的效率。

爸爸先是给淘淘买来一个卡通小闹钟，在淘淘写作业前，爸爸根据老师布置的学习任务，再结合淘淘的年龄段，估算一下他完成作业大约需要多长时间，然后设定相应时间的闹钟，规定在闹钟响起之前，淘淘必须完成作业。

听着闹钟指针滴滴答答走动的声音，淘淘的心里不由绷紧了一根弦，他写作业的速度无形中提高了很多。

淘淘的案例充分说明了在孩子学习、做事前给孩子限定时间的重要性，这会让他们产生紧迫感，激发他们的学习欲望与学习潜力，从而能集中精力发奋用功，实现高效学习的目的。

## 巧用"番茄时间学习法"

父母还可以利用"番茄时间学习法"去提高孩子的自觉性，让孩子主动、高效地学习。

所谓"番茄时间学习法"，指的是当孩子在进行一项学习任务时，父母可以将孩子一个阶段的学习时间规定为二十五分钟左右，即"一个番茄时间"，每过二十五分钟，就休息五分钟。具体做法如下。

### ◎ 以二十五分钟为限，让孩子高效地投入学习

大量科学研究表明，一个人保持专注力的时间大约为二十五分钟，一旦超过，人们就容易出现疲劳、焦虑等负面情绪。对于孩子来说也是如此，所以在孩子投入学习的时候，父母可以以二十五分钟为单位将孩子的学习时间划分为多个时间段，每一时

间段结束后，让孩子休息五分钟，然后继续下一时间段的学习。

第一个学习循环结束后，重新以二十五分钟为限，休息五分钟，大约四个循环结束后，进行一次较长时间的休息，比如十五分钟左右，让大脑充分地放松调整。

需要注意的是，父母在实施"番茄时间学习法"时，一方面要明白二十五分钟不是一个绝对概念，具体时长要结合孩子的实际情况来决定，不宜过长，也不能贪多图快，不讲质量。

另一方面，不建议在非学习时间内实施"番茄时间学习法"，那样反而会适得其反，容易让孩子产生紧张焦虑的不良情绪。

## ◎ 科学进行"番茄时间学习法"的训练，充分激发孩子的学习潜能

"番茄时间学习法"的训练也应遵从孩子的学习规律。长时间进行某一科目的学习，往往会使孩子产生疲倦感，学习的热情也会随着时间的延长而逐步下降，所以在开展"番茄时间学习法"的训练时，可科学合理地安排孩子的学习任务，各门功课轮换学习。

比如，要求孩子在一个小时内熟读一篇短小精悍的古文，然后利用接下来的半个小时时间去练字，练字任务完成后，又迅速

切入做测试卷的模式。从动嘴、动手转换成动脑，这种切换模式，可有效降低孩子学习单一科目时产生的疲惫感，保持对学习的新鲜感。

　　"番茄时间学习法"的训练功在平时，平日里，父母在陪伴孩子学习时，可以有意向这方面倾斜，增强孩子的时间紧迫感，避免孩子在无谓的琐事上浪费宝贵的时间，在有效、科学、合理分配时间的基础上，一步步引导孩子养成高效学习的好习惯。

# 注重过程，让孩子独立思考

　　对于孩子的学习，很多父母都缺乏耐心，只注重学习结果，而忽略了学习过程的重要性。

　　因此，在敦促孩子学习或写作业的过程中，父母务必要保持耐心，把重心放在培养孩子正确的学习方法和思维方式上，鼓励孩子独立思考。孩子有了独立思考的能力，他们在未来的成长道路上才会走得更远。

## 独立思考，是孩子高效学习的前提

两千多年前，大教育家孔子针对学习和思考之间的辩证关系，说了这样一句话："学而不思则罔，思而不学则殆。"学习要和思考充分结合起来，要能做到独立深入地思考，才能将学习过程中遇到的知识点全面消化吸收，这正体现了独立思考的重要性。

雨萱进入小学六年级后，学习成绩出现了大幅下滑的情况，跟不上课堂的进度。通过和老师反复交流，又和孩子深入谈心，雨萱的妈妈终于找到了问题的症结：孩子独立思考能力欠缺，没能养成好的学习方法和习惯。

原来雨萱妈妈在陪伴雨萱学习的时候，犯了急于求成的错误。表面上看，无论是课前预习还是课后作业，她对女儿总是抓得很紧，督促女儿尽快完成，各门功课样样争先不落后。

所以观察雨萱的学习成绩，看似走在了同班同学的前面，然而她只是贪多图快，不求甚解，对学习过程中遇到的难点和重点缺乏认真的思考。

后来，雨萱在学习上越来越忽视思考的重要性，知识点只是照抄照记，囫囵吞枣，没能真正地理解掌握。随着学习难度的加深，独立思考的重要性越来越凸显，基础不扎实、只会死记硬背的雨萱，自然很快就掉出了好学生的名单。

雨萱妈妈的做法并非个例。在陪伴孩子学习时，一些父母因为眼中只有成绩，只看结果，不问过程，忽略了对孩子独立思考能力的培养，最终导致孩子学习效率低，结果差强人意。

由此可知，学习重在过程，重在独立思考，通过思考将知识点读懂、悟透，才是真正地掌握了知识点。

## 过程第一，培养孩子独立思考的高效学习能力

教育的本质，重在引导孩子可以顺着独立的道路奋勇前行。也就是说，父母唯有积极培养孩子独立思考的学习能力，才能助力孩子走得更远。

想要培养孩子的独立思考能力，以下方法可供借鉴。

### ◎ 重引导，多启发

在陪伴孩子读书学习时，父母应当多关注孩子的学习过程，并深度地参与其中，不要害怕孩子的提问，反而要鼓励他们积极思考、勇于发现问题。

更为关键的是，对于父母来说，应当借助孩子提问题的有利时机，去巧妙地引导孩子，让孩子的大脑飞快地转起来。

比如，当孩子提出问题时，父母千万别因为觉得麻烦而不理不睬，也不能敷衍了事随意回答，而是要认真回答孩子提出的每一个问题，然后通过启发式的教育引导孩子尝试自己寻找答案，鼓励孩子不怕失败、大胆假设、勇敢尝试，给孩子充足的思索时间，让孩子在解决难题的过程中一步步养成独立思考的好习惯。

### ◎ 将独立思考与实践相结合，让孩子在实践中找到想要的答案

独立思考得出的结果，需要经过实践的检验。在"小马过河"的寓言故事中，河水究竟是深还是浅，别人的意见只能作为参考，想要确切知道河水的深度，就必须鼓起勇气，亲自去探索验证，在实践中找到正确的答案。

孩子的学习成长，其实也是同样的道理。如果不愿意独立思考，害怕去解决问题，不用心攻克难题，久而久之，遇到困难就畏首畏尾，止步不前，那就永远难以攀登上知识的高峰。

　　显而易见，将独立思考和实践相结合，是孩子必备的一种学习能力，也是他们身上优秀品格的体现。孩子的创新精神、强大的勇气和自信心以及独立解决问题的能力，都由此而来。

# 第七章

# 设立目标，
# 有计划地前行

人生价值的实现，从树立正确的人生目标开始。目标是明亮的灯塔，是人们奋勇前行的动力源泉。对孩子而言，目标同样重要。在生活和学习上，当孩子有了清晰可见的目标时，他们便能从当下的困惑、迷茫中挣脱出来，在自我鞭策中不断地去努力奋斗，并在实现目标的过程中获得满足感和成就感，赢得属于自己的未来。

# 目标明确，给孩子清晰的指导

成功的要素主要有哪些呢？显然，除了聪明勤奋之外，更为重要的是要树立清晰的人生目标，在目标的指引下积极行动起来，才能创造出人生的辉煌。

## 目标，是孩子前行的动力

有人形象地将目标比喻为人生的"方向标"和"指南针"，当一个人有了清晰明确的目标指引，他的人生才充满坚定的力量，也会因此蕴含无限的希望，

更能在目标的引导下，去实现自我远大的理想抱负。

对于孩子来说，他们这个年龄段，正是人生灿烂画卷刚刚铺展的美好时刻，所以在未来的人生发展上，父母要有意识地去引导孩子，让孩子一步步树立起自己人生的理想与追求目标，也就是要让孩子明白自己想要成为一个什么样的人，如何去更好地将自我价值和社会价值完美地统一起来。

目标是孩子前进的动力，如明亮的灯塔一般，指引着孩子前行的方向。有了清晰、明确的目标作为指引，一方面，孩子可以合理地进行规划，将人生目标分解成短期、中期、长期三个阶段，有计划、有目的地去一步步实现目标，让人生充实、富有意义。

另一方面，在目标的激励和鞭策下，孩子也会将这种无形的压力转化为无穷的动力，自律上进，自觉努力，在一路披荆斩棘中成长为优秀的青少年。

## 三大目标要明确，让孩子做到"心中有数"

目标对于孩子人生发展的重要意义显而易见，那么在日常生活中，父母如何让孩子有清晰可见的目标及方向呢？这就需要父母分别从生活、学习和人生三大方面来引导孩子。

## ◎ 生活目标

生活目标不难理解，就是要让孩子成长为一个能够自主独立，有着优秀品格的人。其中主要包括：拥有良好的生活习惯和卫生习惯；有基本的生活自理能力，自己的事情自己做，不过多地依赖父母；有强大的自控力和自制力；做事积极主动，性格阳光活泼；抗压能力和耐挫力强；等等。

生活目标是实现学习目标和人生目标的重要基础，当孩子能够在生活上逐步做到自主自立时，他们就会拥有更为强大的自信和勇气去攻克学习上遇到的难题，去迎接未来人生路上风风雨雨的考验。对此，父母应该在日常生活中有意识地引导孩子，在培养孩子的生活习惯、自理能力等方面多下功夫，帮助孩子确立积极正面的生活目标。

## ◎ 学习目标

孩子的人生成长，离不开知识文化的学习。学习，是孩子实现自我价值最好的媒介。

生活中，有些父母总是抱怨孩子学习不刻苦、不努力，不知道学习的意义是什么。但需要反思的是，问题并不完全出在孩子没有强烈的学习意愿上，关键还在于父母没有引导孩子树立清晰明确的学习目标。在目标的指引下，孩子才会更有上进心，才更能在充沛动力的驱使下自觉地去学。

我国著名的数学家陈景润，早年求学期间，从老师口中得知，"哥德巴赫猜想"这一学术问题悬而未解，谁能通过自己的数学知识证明这一猜想，谁就能摘取这颗数学皇冠上的明珠，为国争光。

从此之后，陈景润便把证明"哥德巴赫猜想"作为自己的学习奋斗目标，他夜以继日刻苦钻研，在经历了无数次失败挫折后，终于找到了通往成功的路径，成了证明"哥德巴赫猜想"的第一人，取得了令人赞叹的成就。

学习目标越明确，孩子的学习动力就越大。一方面，父母要帮助孩子确立现阶段的学习目标。既要帮助孩子制订可行的学习计划，又要指导孩子将学习目标拆解，分阶段来完成。

另一方面，父母要帮助孩子明确学习的目的。学习，不是给父母学，也不是为了得到周围人的赞扬和肯定，学习最为重要的意义，是为自己学，利己且利他。只有将学习搞好了，掌握了扎实的知识技能，才能让自我价值得到最大的实现，更好地掌握自己的命运和人生发展方向。

## ◎ 人生目标

人生目标是生活目标和学习目标的根本。在引导孩子树立人生目标时，爸爸妈妈要明白无误地告诉孩子，要避免碌碌无为、浑浑噩噩的人生，一定要从小就为自己树立远大的人生理想和抱负，学习先贤们以"为中华之崛起而读书""苟利国家生死以，岂因祸福避趋之"作为人生目标，唯有奋发有为，才能让自我的人生充满无限的精彩和可能。

在日常生活中，父母应多让孩子读一些历史名人的传记，多带他们去科技馆、博物馆等场所走走看看，让孩子从人类的伟大发明创造中感悟人生的价值。一旦孩子有了远大的人生目标，便会在强大的信念推动下，更自觉努力地去生活、去学习。

# 目标要在孩子的能力范围内

俗话说"欲速则不达"。清晰明确的目标有助于孩子的成长，然而父母还要明白的是，高楼大厦平地起，教育孩子也是如此，应当从客观实际出发，一步一步、扎扎实实地前进，每一步前进，每一个目标的制定，都要在孩子的能力范围之内，切不可好高骛远、盲目乐观。

## 给孩子定的目标越高越好吗？不！

目标，是孩子前行的内在推动力，有目标的孩子

更有执行力和行动力。正因如此，意识到目标重要性的父母，也纷纷行动起来，帮助孩子定下各种奋斗目标，生怕孩子因为目标的缺失而迷失了人生的方向，丧失了学习的动力。

但问题是，在帮助孩子制定目标的过程中，一些父母犯了"贪大求全"的错误。所谓的"贪大"，就是指目标制定太过远大，还要求孩子在短时间内完成，完全脱离了孩子现有的能力水平，至于能不能实现暂且不管，先制定了再说。

"求全"也是如此，给孩子制定了一大堆目标，学习成绩要优秀，还要写得一手好字，能歌善舞，绘画音乐也必须样样精通。简言之，就是以"全才"的模式来打造孩子，幻想他们成为无所不会、无所不知的小神童。

分析在目标制定上"贪大求全"的父母的心理，他们太渴望孩子获得成功，太希望孩子能够迅速脱颖而出、出人头地，似乎只要将目标打印出来挂在墙上，孩子就能很快坐上"快速列车"直达目标的终点。

事实真的像这些父母想的那样简单吗？他们制定的目标，即使作为成年人，也未必能一一做到，然而在"贪大求全"的父母眼中，一切都不是问题，似乎严厉一点、紧迫一点，孩子就能够顺顺利利地将目标完成。

娜娜就因为目标实现的问题，和妈妈爆发了激烈的矛盾冲突。

原来从小学三年级起，为了让娜娜在同龄的孩子里面显得更优秀，娜娜妈妈给娜娜制定了一大堆学习目标。为了让娜娜尽快实现这些目标，除课堂学习外，妈妈还给娜娜报了作文、珠算、舞蹈、绘画等各种课外辅导班。

由于目标太多，也超出了娜娜的能力承受范围，这让她倍感吃力，身心俱疲。半个学期下来，娜娜的学习成绩大幅度下滑，作文、珠算也是一塌糊涂。

娜娜为什么没有实现预期的学习目标呢？其中的原因不难理解，制定的学习目标太多、太高，超出了娜娜的能力承受范围，以至于目标不仅没能成为娜娜学习的方向和动力，反而让她产生了强烈的抵触情绪，自然是适得其反。

老子在《道德经》中这样写道："合抱之木，生于毫末；九层之台，起于累土；千里之行，始于足下。"意思非常浅显易懂，任何事物的成长，都需要一点一滴的积累、沉淀，在厚积薄发中方能一飞冲天。

父母在家庭教育中也应遵循同样的道理，"一口吃成一个胖子"的心理要不得，目标的制定一定要理性、适度，慢慢来，给孩子时间，激发孩子内心的驱动力，相信他们一定能行。

## 目标制定，从孩子的实际能力出发

超出孩子承受能力的目标，对孩子的人生成长有着极大的伤害性。

过高的目标，会让孩子产生一种"可望而不可即"的无力感，目标完不成，心态可能会焦虑失衡、自暴自弃，由此将严重打击孩子的学习积极性。所以，目标的制定，要符合孩子的承受能力，可以从这样几个方面入手。

### ◎ 目标设定要合理，适度拔高

很多父母认为孩子身上蕴藏着无穷的潜力，必须通过高目标的设定来激发孩子的斗志。殊不知，孩子潜力的挖掘，也需要一定的时间，不是一蹴而就、一朝一夕的事情。因此，父母绝不能想当然地设定过高的目标，否则孩子达不到、完不成目标，自信心将会严重受挫。

同理，不设定过高目标，也不能走向另一个极端，去制定孩子太容易完成的低目标，那样的话，目标就会失去应有的吸引力，导致孩子努力奋发的动力不足，有时候目标制定得太过简单，还极易滋长孩子骄傲自负、狂妄自大的心理。

合理的目标制定，应遵循符合孩子学习实际的原则。略微有一点拔高，适当增加实现的难度，能够有效激发孩子的上进心，让他们在"有所期待"下，更自律地向着既定的目标方向一路跋涉、奋勇前行。

### ◎ 结合孩子的实际情况去制定，不攀比

在生活和学习上，每个孩子的实际情况不同，有的孩子悟性高，接受能力强，而有些孩子前进的步伐则会略微慢一些。

所以目标的制定，也应从每个孩子的客观实际情况出发，因人而异，不要攀比其他孩子，父母要沉下心来，要求孩子脚踏实地、做好自己即可。

### ◎ 分阶段设定目标，如短期、中期、长期目标

我们反对制定过高的目标，但不是说要否定孩子对远大目标的追求。对过高目标的片面追求，反映出父母身上"贪大求全"、急功近利的错误思维，这种试图"拔苗助长"的做法要不得。

正确的做法，应该是分阶段制定目标，比如，短期目标、中期目标、长期目标。鼓励孩子先去实现眼前的短期目标，然后向中期目标过渡，最后实现长远的宏伟目标。在整个过程中，要遵循孩子学习成长的规律，一步一个脚印、踏踏实实地前进。

除此之外，如果感觉短期目标的实现对孩子也有一定的难度，那就不妨将目标拆分，分解成若干容易实现的小目标，或者根据实际情况灵活调整，一切都要结合孩子的实际情况来确定。

# 父母要严格监督孩子执行计划

立目标，订计划，关键要落实在行动上，再远大的计划，一旦缺乏坚定的执行力，只能是一纸空谈。大多数孩子的自控力较差，自觉意识也不强，因此来自父母的监督自然必不可少。

## 想要实现目标、计划，行动是第一

有一句俗语广为流传："说话的巨人，行动的矮子。"这句话的意思是说，对于目标、理想、计划等，

有些人只是在口头上夸夸其谈，将未来描绘得无比美好灿烂，然而他们也只是说说而已，从来没有真正地付诸行动，以至于再完美的目标计划到了最后都是一场空。

有这样一则寓言故事，生动形象地讽刺了平时爱空谈的一类人。

有一位农妇，有一天无意中捡到了一枚鹅蛋，农妇高兴坏了，她欢天喜地地抱着鹅蛋回到家中，开始了自己的规划。

按照她的设想，第一步先把鹅蛋孵化出一只小鹅，第二步将小鹅养大，让长大的鹅再生蛋，然后继续孵化。这样不停地循环下来，用不了几年时间，从一到二，从二到四，越养越多，届时她家里便会有一群鹅，那时她就不用辛辛苦苦地种庄稼了，完全可以卖鹅蛋，也可以卖鹅肉，用不了多久她就能很快发家致富了。

一想到自己这么好的目标规划，农妇夜里睡觉都笑出声来。第二天醒来，她又把昨天的规划回想了一遍，觉得自己真是太聪明了，找到了一条有效的生财之道。

但是很快，她又开始发愁，觉得想要实现这些目标还有着很多障碍。她思来想去，迟迟不去行动，结果几天后发现，鹅蛋不知道什么时候已经被黄鼠狼给偷走了。农妇后悔万分，她发家致富的梦想也就此戛然而止。

这则寓言故事告诉我们，无论计划多丰满，如果只是停留在纸面上或者口头上，不尽快落实到行动中去，再美好的目标计划也只能是没有任何意义的"空中楼阁"而已。

荀子说："道虽迩，不行不至；事虽小，不为不成。"意思是说，有时候路程看起来很近，但如果不抬腿行走，就永远不能到达；事情虽然很小，假如一直迟迟不去做，也永远完成不了。

荀子的话语，用在孩子的身上也恰如其分。行动比计划更重要，当父母帮助孩子明确了目标计划后，就应严格监督，督促他们尽快投入行动，让梦想变为现实。

## 这样做，监督孩子执行计划

孩子的执行能力差，主要有这样两个原因。一是贪玩。孩子缺乏自控能力，一玩起来就什么都顾不上了，先前制订好的计划早就被抛到了九霄云外，如果父母不严格监督，指望孩子自觉去执行计划难之又难。

二是孩子在目标计划面前，容易产生畏难情绪。看看眼前罗列的一大堆计划，惯有的惰性和压力会让孩子心生畏惧。由于自律性差，他们往往坚持不了多长时间便会偃旗息鼓，重新回到漫无目的的状态中去。

明白了孩子的性情和心理，在帮助孩子高效完成目标计划的过程中，父母应当这样去做。

## ◎ 要求孩子今日事今日毕

在帮助孩子执行计划的过程中，父母要严格要求孩子，一定要做到今日事今日毕。毕竟再宏伟的目标，也要从当下开始，一步一个脚印，扎扎实实向前走，否则就是一场空。

东东的字写得不好看，七扭八歪，爸爸就为他制订了一份练字计划。一开始，东东对练字表现出了很大的兴趣，信心满满，但他的热度也就维持了不到三天的时间，三天过后，东东就又故态复萌，写不了两行字，便偷偷溜出去玩。

爸爸批评他时，东东却摆出一副有理的模样回应说："爸爸，今天不就是少了一页吗？没关系，明天我补上就行了。"

爸爸语重心长地告诉东东："今天的事情今天做，如果都像你这样，什么事情都拖到明天怎么能行？举一个简单的例子，今天的午饭你不吃，到明天一起补行不行呢？"爸爸的话语，顿时让东东哑口无言。

### ◎ 坚持再坚持，让自觉学习成为一种习惯

"冰冻三尺，非一日之寒。"做任何事情，想要取得成功，让目标变为现实，就必须具有顽强的意志，持之以恒地坚持下去。尤其是孩子，他们的自律精神不够，当遇到困难时，很容易丧失前行的动力，思想上一旦松懈下来，自然就会前功尽弃。

因此父母在监督孩子目标计划的完成度时，也要细心留意观察他们的情绪变化。情绪低落时要及时给予合理的疏导，给他们加油打气。在鼓励赞美他们的同时，还要告诉孩子困难局面的出现实际上预示着这时已经到了"爬坡过坎"的阶段，再多一点坚持，就能看到"胜利的曙光"。当坚持慢慢成了一种习惯后，孩子的学习就会自动切入"高效自觉"的模式。

### ◎ 多陪伴，多检查

帮助孩子订立目标计划后，父母不要认为自己的任务已经完成了，然后把一切都推给孩子，最后发现孩子未能如期完成目标计划，又大发雷霆，对他们各种奚落批评。

孩子还小，我们不能以成人的目光来看待他们，他们稚嫩的心灵需要父母的情感陪伴。在陪伴之外，每隔一段时间，父母也

应采取抽查的方式，重点检查孩子目标计划的完成情况。只有时时督促加上严格监管，孩子才能集中精力，一丝不苟地向着目标前进。

# 实现目标可以适当激励

孩子在完成目标的过程中，付出了努力和汗水，因此在每一个目标完成时，父母应当适时送上精神或物质奖励。奖励不在于多少，关键是要能够体现出父母对孩子的肯定与赞扬。在爱和鼓励的滋养下，孩子前进的动力也会更充足，继续向着父母所期待的方向快乐成长。

## 奖励孩子，父母做对了吗

奖励，是一种有效的刺激手段，孩子在得到来自

爸爸妈妈的正面肯定后，会有更大的动力去高效地完成剩余的目标任务，当他们养成一个良好的学习和行为习惯后，也会因此变得更加自律自觉。然而很多时候，父母的奖励并没有达到预期的良好效果，这是什么原因呢？森森的案例或许可以给我们一些启示。

暑假时，森森按照妈妈的要求，认认真真地读完了四大名著，也写了许多读书笔记。在这之前，妈妈答应森森，完成阅读任务后，会给他一个大大的惊喜。

森森非常期待这个惊喜，当然妈妈也没有食言，她给儿子买了一双新款的运动鞋，但森森的脸上却没有露出喜悦的神情，对新鞋似乎不是太感兴趣。

妈妈很快明白了，她精心挑选的礼物不合森森的心意，那么森森究竟喜欢什么呢？

在妈妈的追问下，森森这才说出了心里的愿望，他告诉妈妈，近期市里有一场航模展览，他非常想去现场观展。

为了满足森森的心愿，妈妈不仅带森森去现场观看，还买了一些航模模型和相关的书籍送给森森，这一次，森森的脸上露出了开心的笑容。

森森的故事告诉我们，针对孩子的良好表现给孩子奖励是必须的。而且这个奖励必须是有效奖励，也就是针对孩子的兴趣点，选择适合孩子的奖励，让孩子得到最期待的回报，以此来激发孩子的动力，不然奖励的效果将大打折扣。

## 正确的奖励应该这样做

孩子都渴望得到来自父母的肯定，因此通过不断的正面强化，能够进一步提升孩子做事的积极主动性。

在具体奖励措施上，孩子的不同个性以及不同的目标计划难易度，也决定了奖励要遵循因人而异、因事而异的原则。无论是物质奖励还是精神鼓励，父母要正确地利用好奖励这根"导向棒"，让奖励起到应有的效果。

### ◎ 给予物质奖励时，奖励的尺度要把握好

奖励是不是越贵越好？在一些父母看来，既然要奖励孩子，那就要拿出"大手笔"，买一些贵重的物品来赢得孩子的欢心，越贵越好，越贵越能体现出父母满满的诚意。

其实这样做大可不必。奖励对的，不奖励贵的，适合孩子的需要、能够让他们感到"走心"的奖励才是最好的。太过贵重的

物品，不仅容易助长孩子攀比的坏习惯，也是一笔不小的经济负担，更会让奖励的积极效应变了味。

不同的孩子有不同的需求，有喜欢美食的，有喜欢玩具的，也有喜欢书籍的，因此在具体奖励时，可以根据平时的观察，也可以提前征求孩子的意见，贵不贵倒在其次，关键是孩子喜不喜欢。

当然，给予物质奖励时，也可适当变换样式。比如，趁着假期，和孩子来一次亲子旅游，不仅能开阔孩子的视野，还能让亲子关系更加亲密和谐。

### ◎ 给予精神奖励时，要学会巧妙地赞美孩子

奖励，不仅限于物质，精神奖励的引导激励作用也不可忽视。很多时候父母口头上的一句赞扬，就能让孩子获得继续坚持下去的动力。具体来说，精神奖励，一般分为以下几个方面。

其一，给予口头表扬。

孩子完成了目标计划，自然会第一时间和父母分享，在夸赞孩子时，一定要具体详细、指向明确，让孩子明白自己是因为哪种行为赢得了表扬。

比如，在养成良好卫生习惯的目标上，孩子帮助爸爸妈妈

圆满完成了家务劳动，如果直接用简单的话语夸奖孩子"你真厉害""你真棒"，就会显得有些空洞无物，甚至有些敷衍。

好的表扬方式是这样的："儿子，客厅干干净净，地板擦得像镜子一般，你今天真是用心了，比妈妈做得还要好。"

这种表扬方式，肯定了孩子的劳动成果，赞扬了孩子认真负责的态度，孩子坚持实现目标的决心自然就更大了。

其二，把评分表挂在墙上。

有时候目标任务完成周期长，为了激励孩子持之以恒地坚持下去，父母也可以设计一份评分表格，然后将目标任务分解成若干个小目标，每完成一个阶段的小目标，就在后面打上相应的分数。

评分表制作好后，可悬挂在家里明显的位置，或者是直接挂在孩子学习桌前，让他们一抬头就能看到。分数的高低、任务完成的情况清清楚楚、一目了然，这种精神激励方式，会让孩子能有信心和勇气将长远的目标任务坚持下去。

其三，在外人面前，适当表扬。

给予孩子精神奖励时，父母应当将家庭内部表扬和外部表扬结合起来，以满足孩子小小的"虚荣心"。

当家里来了客人时，在适当的时机，爸爸妈妈也可以当着大家的面，谈论一下孩子日常的行为表现，如自律性怎么样，学习上是不是自觉了很多，在学校获得了什么样的表彰，等等。

在聊天中，多展示一下孩子的优点，适度提一些缺点和不足，这样孩子的内心既有了自豪感，也知道了自己做得不够好的地方，如此他们在目标计划的执行上，才会更有使命感和奋进动力。

# 目标清单要及时更新，
# 让孩子有计划地前行

孩子的目标清单不是一成不变的，在孩子实现目标、计划的过程中，若出现了新情况、新问题、新变化，相应的目标清单也要及时地调整更新，以适应孩子学习、做事的节奏和状态，做到有条不紊、从容不迫。

## 目标清单要及时更新

人们常说"计划赶不上变化"，在实践中也确实如

此。再完美的计划，随着进度的开展，总会有计划外的事情出现，客观形势倒逼人们需要对计划做出一定的修订。

具体到孩子的目标计划上也是如此，当计划执行到一定阶段时，要对照总结，然后根据实际情况做出相应的调整，保持目标清单的灵活性，这样孩子的目标任务完成情况才会更高效。

同时根据实际情况来调整目标清单，也有利于孩子保持适当的节奏，在实事求是和灵活多样的基础上，提高学习效率。

新学年开学后，芮芮给自己制订了一份满满的学习计划，并把计划表张贴上墙，每天按照目标计划的要求认真学习。

芮芮学习态度很认真，自律性强的她，三个月多一点，就基本上将半学期的目标任务给完成了，她整个人也感觉一下子轻松了许多，慢慢放松了对自己的学习要求。

妈妈很快察觉了芮芮的行为变化，询问时，芮芮骄傲地告诉妈妈："这一学期的目标任务我全部超预期完成了，我觉得我可以放松一下了。"

妈妈听了，微笑着告诉芮芮："你现在提前完成了学习任务，妈妈要表扬你，不过也不能太过骄傲，也许是当初定的目标任务有些简单了，我们再接再厉，及时调整目标，继续努力，千万别松懈！"

妈妈的话语也让芮芮意识到了目标清单并不是恒定不变的，根据自身完成任务的进度和学习情况，完全可以随时调整。小目标完成后，继续向着中目标、大目标的方向努力，一点一点去追赶、去实现，让学习计划更有灵活性。

其实不止是学习目标，孩子的生活目标、人生目标，都要根据实际情况的变化来进行相应的调整，将短期、中期和长期目标有机结合，始终保持在一个动态的平衡之内。这样，孩子的各项计划也会更有针对性，不至于陷入无所适从的状态中。

## 多自查，多总结，让目标清单常在常新

在进入具体执行的阶段，父母要和孩子一起，多对当下的目标、计划开展复盘行动。比如，查看计划执行以来，孩子是否取得了明显的进步？计划没有如期完成，是什么原因造成的呢？计划的制订和现实情况有没有大的冲突呢？

其实这就是在对目标、计划自查和总结的基础上，确保目标清单保持动态的更新，让孩子有计划地去安排自己的生活和学习。

现实生活中，有些孩子的学习能力、执行力都很强，制订的目标和计划往往能提前完成。但也有一些孩子，在计划执行过程中没能取得预期效果，看起来比较吃力，距离目标完成还有很大的一段距离。

这时，父母需要和孩子一起思考当前制订的目标、计划是否科学。不管发生以上哪种情况，都需要孩子及时调整或更新目标清单。执行情况较好的孩子，可将完成的目标任务一一打钩，然后适当加入一些新目标；现阶段较为吃力的孩子，可适度缩减一些目标计划，量力而行，实在做不到的事情，不要太过勉强。

简单而言，目标清单的更新和调整，有利于孩子对下一步的行动做出更清晰的预见和更为充分的心理准备，也能让他们在目标方向的指引和激励下，保持激情和活力，在高度自律和自觉的行为习惯支配下，以饱满的精神投入新的生活和学习。

# 参考文献

[1]  陈光，李洁．决定孩子一生的四种能力 [M]．北京：中国妇女出版社，2009．

[2]  方丽萍．让孩子一生受益的教育方法 [M]．北京：海潮出版社，2009．

[3]  和平坤．没有教不好的孩子，只有不会教的父母 [M]．北京：北京理工大学出版社，2019．

[4]  姜囡囡．亲子关系中的高效学习法 [M]．北京：机械工业出版社，2022．

[5]  李建芳．左手疼爱　右手管教：好父母要懂得在爱中管教 [M]．北京：中国纺织出版社，2012．

[6]  李萍．不批评会表扬，培养自觉主动的好孩子 [M]．北京：中国纺织出版社，2020．

[7] 李少聪.儿童时间管理：如何科学有效培养孩子的自律 [M].天津：天津科学技术出版社，2022.

[8] 宁十一.培养自信自律自主的孩子 [M].北京：台海出版社，2021.

[9] 齐菲，柏燕谊，赵冬杉.孩子，你的情绪我最懂 [M].北京：新时代出版社，2013.

[10] 千寻麻麻.不催不吼：让孩子主动学习不拖拉 [M].南京：江苏科学技术出版社，2021.

[11] 水中鱼，尚晓波.优秀青少年要养成的好习惯、好性格、好心态大全集 [M].北京：新世界出版社，2012.

[12] 童世军.做懂孩子、教方法、立榜样的好父母 [M].北京：清华大学出版社，2013.

[13] 汪迪.如何说孩子才肯听，怎么听孩子才肯说 [M].北京：当代中国出版社，2019.

[14] 吴甘霖.你会教，孩子就自觉 [M].北京：东方出版社，2020.

[15] 肖平，罗清军.如何培养自觉主动的孩子 [M].北京：中国纺织出版社，2020.